高等职业教育多样化发展探究

白红丽◎著

吉林出版集团股份有限公司
全国百佳图书出版单位

图书在版编目（CIP）数据

高等职业教育多样化发展探究 / 白红丽著 . -- 长春 : 吉林出版集团股份有限公司 , 2024. 9. -- ISBN 978-7-5731-5977-9

Ⅰ . G718.5

中国国家版本馆 CIP 数据核字第 2024FZ9951 号

高等职业教育多样化发展探究

GAODENG ZHIYE JIAOYU DUOYANGHUA FAZHAN TANJIU

著　　者　白红丽
责任编辑　李婷婷
封面设计　谢婉莹
开　　本　710mm × 1000mm　　1/16
字　　数　195 千
印　　张　9.75
版　　次　2025 年 1 月第 1 版
印　　次　2025 年 1 月第 1 次印刷
印　　刷　天津和萱印刷有限公司

出　　版　吉林出版集团股份有限公司
发　　行　吉林出版集团股份有限公司
地　　址　吉林省长春市福祉大路 5788 号
邮　　编　130000
电　　话　0431-81629968
邮　　箱　11915286@qq.com
书　　号　ISBN 978-7-5731-5977-9
定　　价　59.00 元

前　言

高等教育一方面受社会发展制约，另一方面又必须适应社会发展的需要。这是教育在社会发展过程中必须遵循的重要规律。科技进步和社会发展日益彰显了教育和经济的互动关系。高等职业教育是现代教育的重要组成部分，是工业化和现代化的重要人才来源。

现阶段，我国政府明确高等职业教育在国家战略体系中的地位，通过各个途径积极推进高等职业教育发展，高等职业教育在数量和规模方面也取得长足进步。高等职业教育为社会培养了大批高素质的技术应用型和技能型人才，丰富和完善了中国特色高等教育体系，推动了我国高等教育目标的实现，满足了社会对高级技术应用型人才的需求，有利于解决人才结构不合理的问题，实现人才培养的多样化。因此，需要加快发展高等职业教育，更新发展观念、优化专业结构、重构课程体系，主动适应经济发展新常态，通过创新驱动，实现同步规划、同步发展、同步提升。

本书从不同方面阐述高等职业教育的多样化发展，第一章为高等职业教育概述，介绍了高等职业教育的概念、高等职业教育的定位、高等职业教育的功能、高等职业教育的价值取向四个方面的内容；第二章为各国高等职业教育发展模式，论述了美国高等职业教育发展模式、德国高等职业教育发展模式、澳大利亚高等职业教育发展模式三个方面的内容；第三章为高等职业教育的信息化发展，讲述了高等职业教育教学信息化建设、高等职业教育管理信息化建设、高等职业教育信息化资源建设三个方面的内容；第四章为高等职业教育的国际化发展，论述了高等职业教育国际化的概念、高等职业教育国际化的必要性、我国高等职业教育国际化的发展、我国高等职业教育国际化的策略四个方面的内容；第五章为高等职业教育的集约化发展，阐述了高等职业教育发展的集约化特征、高等职业教育集约化的利益相关者、高等职业教育集约化的环境生态、高等职业教育集约化的优化策略四个方面的内容。

在撰写本书的过程中，作者参考了大量的学术文献，得到了许多专家、学者的帮助，在此表示真诚感谢。由于作者水平有限，书中难免有疏漏之处，希望广大同行及时指正。

白红丽

2023 年 7 月

目 录

第一章　高等职业教育概述

高等职业教育是我国高等教育的重要组成部分。本章为高等职业教育概述，介绍了高等职业教育的概念、高等职业教育的定位、高等职业教育的功能、高等职业教育的价值取向四个方面的内容。

第一节　高等职业教育的概念

“发展高等职业教育”现已成为我国教育界的一大热点问题。但是，什么是高等职业教育，要办什么样的高等职业教育这类问题一直是广大学者争论不止的问题。该种教育形态在全面教育架构中的地位、与“常规高等教育”的本质区别，以及其培训目标、发展路径、招生对象、教学方式、课程设置的具体方案，目前存在认识上的差异。由此产生的争议已对“高等职业教育”的健康发展产生了不利影响，亟待制定一个大众普遍认可的规范，以促进“高等职业教育”的快速发展。

“国际教育标准分类”（International Standard Classification of Education，简称 ISCED）是联合国教科文组织精心构建的教育分类体系，其最新版本对教育结构进行了详尽的划分。具体而言，ISCED0 涵盖幼儿教育阶段；ISCED1 指向初等教育，即基础教育的起点；ISCED2 对应初中教育，标志着第二级教育的初级阶段；ISCED3 进一步延伸至高中教育，构成第二级教育的高级阶段；ISCED4 涵盖高中后的非高等教育，为衔接更高层次的教育打下基础；ISCED5 迈入高等教育的专科与本科层次，象征着第三级教育的开端；ISCED6 直达大学硕士学位，代表第三级教育的深化与升华。这一分类体系不仅为全球教育提供了统一的标准，更有助于精准把握各阶段教育的特性与发展方向。第 2 级、第 3 级、第 4 级教育从横向上划分为 A、B、C 三类，在 3 种教育类型中：A 类是纯为升学做准备的学科型；B 类则是介于 A、C 两类之间的专业型，或称中间型；C 类是为进入劳动市场做准备的直接就业型。

高等教育的第 5 级也横向划分为 A、B 两类：一类是高等研究课程或高级技术专业方面的职业（如医药、牙科医术、法律、建筑等），另一类分为 5A、5B。ISCED5A 层次的课程是一种第三级课程，具有较强理论基础并提供资格证书，使获得者能进入高等研究课程和高级技术专业研究的相关领域；它的学习周期至少为全日制 3 年（在第三级教育期间），但典型的学制是 4 年或更长些；这个导向学位课程的主要方面集中在某一特殊的学科领域（经济、工程、法律、数学、文学、社会和生物科学、物理科学），某些有学位的课程具有更加通用的成分。ISCED5B 层次的课程是一门职业定向的特殊课程，主要设计成获得某一特殊职业或职业群所需要的时间技术和专门技能，对学习完全合格者通常给予进入劳动市场的相关资格证书。属于 5B 层次的课程应当符合以下标准：

第一，比 ISCED5A 更加面向实际工作，更加体现职业特殊性，而且不直接通向高等研究课程。

第二，课程持续时间通常比 ISCED5A 短。

第三，最少持续年限标准相当于全日制 2 年，但通常为 2～3 年。如果按学分累计授予学位，则需将时间与强度合计后作出比较。

第四，课程中有一个重要部分针对某一特殊学科领域（如经济、工程、卫生类专业）。

第五，进入第三级教育的要求可能限制在某些特殊领域。

第六，提供从事某一项职业的通道。

第七，不直接通向高等研究课程。

在“国际教育标准分类”的最新版本中，ISCED5B 与我国当前所倡导的“高等职业教育”在层次、类别和课程特性上均展现出一致性。因此，应明确将“高等职业教育”界定为“国际教育标准分类”最新版本中的第三级教育首个阶段，即第 5 层次的 B 类教育。

基于上述阐述，可对高等职业教育作出如下诠释：高等职业教育作为社会实践活动的一种，致力于培养技术型、工艺型、应用型和实用型的高级人才。高等职业教育核心目标是学习特定职业技能，持续提升专业技术水平。高等职业教育是职业教育的高级阶段，同时融入高等教育体系，形成了一种独特的高等教育形式。此定义涵盖了高等职业教育的多重内涵和特质：

第一，高等职业教育属于高等教育的范畴。《中共中央、国务院关于深化教育改革全面推进素质教育的决定》中曾明确指出："高等职业教育是高等教育的重要组成部分。"[①] 高等职业教育不局限于大专层次，这个教育体系并非只涵盖大专级别，也包含本科甚至研究生级别，展现出高级别的特点。

第二，高等职业教育堪称高等教育领域的一种独特形态。传统的高等教育主要聚焦于提升全民素质，通过传授知识、培育多元思考和技能，以造就学术、研究、工程等领域的专业人才，而高等职业教育则凸显其与众不同的特色。

第三，高等职业教育与普通教育之间存在密切的交流互动。高等职业教育与基础职业教育、中级职业教育共同构筑了一个完整的职业教育体系。优质的高等职业教育要与普通教育保持开放和互通的交流，以实现教育资源的共享和互补。

通过对高等职业教育概念的探究，可以概括出高等职业教育的特征，即它区别于其他教育的外在表征，主要有以下六点：

第一，办学机制的社会性。

当前，中国的现代化高等职业教育已构筑起一个多元化、协作性的办学模式，汇聚了政府、学校、企业、团队和个人等丰富的社会资源。同时，高等职业教育的实施主体从最初的地域性大学单一承担，逐步拓展至职业大学、普通高等学府、自主创办的成人学校以及全面覆盖、社区化运作的职业技术学院等多元主体共同参与、竞相发展的格局。

第二，培养目标的确定性。

高等职业教育的培养目标明确而坚定，旨在培养出能在生产与服务一线既擅长管理又精通操作的高级实用型技术人才。这一目标与提升公众素质的传统教育侧重点不同，其更侧重于使毕业生迅速融入工作环境，以职业需求为导向，对曾

① 内蒙古自治区人民政府．中共中央、国务院关于深化教育改革全面推进素质教育的决定[EB/OL].（1999-6-13）[2023-6-10].https：//www.nmg.gov.cn/zwgk/zfgb/1999n-5236/199907/199906/t19990613-309013.html.

接受过中等职业教育、普通中等教育的青少年以及在职或已退休的员工，进行职业伦理和职业技能的系统培训。

第三，专业与课程设置的职业性。

高等职业教育设定了明确的训练目标，旨在根据职场需求提升学习者的专业伦理和技能，确保他们毕业后能迅速适应并满足工作的要求。这种教育形式以职场为主导，强调专业技术能力的培养，是一种新型的高等职业教育模式。由于高等职业教育专注于职业教学，旨在培养能够应对复杂环境、具备先进技能的人才，因此，其教学模式带有鲜明的职业化特征。这一理念的核心体现在课程安排和教学内容中，要求以特定职务类别为基础，深入进行职业研究，明确职务的核心任务，并有针对性地提供所需的专业知识与技术，从而科学制定课程和教学素材。

第四，教学过程的实践性。

高等职业教育致力于培育专业技术人才，这些人才须在生产与服务的前线担当管理与直接操作的重任。雇主期待这些毕业生能即刻融入工作，并熟练掌握各项技能，以迅速满足职业岗位的要求。为实现此目标，毕业生在毕业前必须深入参与实践活动，不仅要熟知职业岗位的工作流程，还需具备精湛的操作技艺。因此，我们必须坚持以职业技术训练和工作能力提升为核心的教学策略，广泛采用实践教学手段。通过多元化方式加强实践教学，提升实践课程的比重，确保学生拥有充足的实践时间，从而达成既定的培养目标。

第五，教学内容的实用性。

教学内容的实用性，即必须紧密围绕职业岗位的实际需求，将生产技术与技能知识有机融合，并强化对现场技术和新工艺的掌握。这种实用性体现在专业课程中，贯穿了基础课程和技术课程。在课程构建与修订、教学内容增减的过程中，应以“实用性”为核心原则，从而优化并构建全新的课程架构，确保教学内容与职业需求紧密相连，提升学生的实际应用能力。

第六，师资队伍的双师型。

相较于一般大学教育，高等职业教育对教师素养的要求更为严苛。理想的教师不仅需具备讲师或副教授层次的学术底蕴，还应拥有技术专家或工程师的专业技能，实现所谓的“双重教学”。这样的教师配置将使得理论阐述更为生动鲜活，也将使得实际操作更为精确无误。此外，从事高等职业教育的教师，还需要拥有深厚且广博的知识储备，紧跟时代脉搏，理解当今社会的特质、精神状态和道德要求，同时熟练掌握教育学与心理学的基本概念。这样的教师团队能够为高等职业教育的发展注入强大的动力。

第二节　高等职业教育的定位

21世纪，我国高等教育规模的扩大，高等教育大众化目标的实现，使高等职业教育成为一个新的增长点，高职时代的到来为期不远。然而，在当前形势下，高职教育正面临着多重挑战，包括大规模本科院校的扩张、社会对教育水平要求的不断提升，以及市场经济壮大和科技飞速发展的压力。高职教育的定位问题，是构建其教育理论的核心要素，同时也是高等职业教育发展的关键所在。高职教育的定位从根本上决定了高等职业教育的教学目标设定、培养方式的选择和发展路径的规划。高等职业教育的定位是指高等职业教育根据社会需要、市场需求和自己的本质属性，按照实事求是、突出特色的原则进行科学比较，在清醒认识自己的基础、优势和不足的前提下，准确把握自己的角色、找准位置、确定发展目标和方向，并由此决定自己在人们心目中的地位。

一、高等职业教育的宏观定位与微观定位

如今，高等职业教育进入规范发展阶段，但高职教育的定位问题一直众说纷纭，理论界和实践界从多个视角、多种层面对此作出了大量的研究。其中，比较典型的观点有三种：

第一种是层次论。部分理论家持有如下观点：高等职业教育应被视为高等教育的基础，其定位应等同于专科水平。这种观点已经成为学者批判的对象，他们更倾向高等职业教育就该姓“高”，这个“高”一是指文化基础要达到一定的教育层次的水平，从总体上要求在完成高中阶段教育的基础上进行，部分与职业能力联系密切的文化基础课应有高等教育的内容。二是指职业能力要达到高等级的水平，完成高级职业能力训练。与中等职业教育相比较，高等职业教育无论是文

化基础还是职业技能都要高一个层面。三是指在层次上不局限于大专，条件成熟后，完全可以发展高职教育的本科、硕士、博士教育。

第二种是类型论。高等职业教育是高等教育体系的一部分，相较于传统的高等教育，呈现出一种新颖的教育形态，其显著特点是具有强烈的职业导向。高等职业教育作为一种专门的职业教育形式，始终围绕社会中特定职位或职群的专业技术和素质需求进行规划和实施。职业教育是针对取得某种社会职业资格的教育。这种教育的核心目标是培养优秀人才，与毕业生求职期间的工作岗位紧密相连。因此，高等职业教育应以就业为导向，紧密结合市场需求，着眼于学生的未来职业规划，注重专业技术和职业品格的培养，使教学流程充满实践操作元素。

第三种是培养目标论。社会中的人才可以分为学术、工程、技术三大类别。高等职业教育的核心目标是培育具备高级技能的人才。具体而言，高等职业教育应致力于培养能够在生产与服务一线发挥关键作用的高级技术应用型人才。中等职业教育的定位，就是在九年义务教育的基础上培养数以亿计的高素质劳动者；高等职业教育的定位，就是在高中阶段教育的基础上培养数以千万计的高技能人才。

这三种观点，从各自的角度对高等职业教育的设置进行了深入探讨，但仍有待进一步完善和优化。鉴于现代国民教育体系中高等职业教育的定位是一项复杂的社会系统工程，涉及教育体系的各个方面，也涉及教育体系之外相当广的范围，从理论建构到付诸实践，还涉及一系列法律法规、政策的制定、修改、衔接、配套问题。同时，定位也是一个随着所处环境的变化而不断调整的动态过程，所以本书在此涉及的仅仅是一个粗略的框架，许多问题还有待继续探讨。

（一）高等职业教育的宏观定位

教育，作为上层建筑的基石，历来受到国家的重视。国家在教育事务中发挥着全面管理和协调的关键作用。教育体系是由教育领域内各要素相互关联、相互作用的有机统一体，展现为一个由不同层级、不同类型学校共同编织的庞大网络。其使命在于满足社会与个人的多样化需求，进而推动社会的政治、经济、文化、科技进步以及个人的全面发展。教育体系的特点是其结构的完整性、联系的紧密性、开放的动态性、组织的有序性和目标的可操作性。

高等职业教育作为教育体系的关键一环，不仅与一般教育、特殊教育形成鲜明对比，更拥有独特的地位和职责，同时，需与其他教育机构相互协作、共同前行。因此，我们首先要明确高等职业教育在全社会及国家大型教育体系中的精确定位，即其宏观定位，从而为高等职业教育的健康发展奠定坚实基础。

1. 高等职业教育的价值功能定位

从高等职业教育产生和演变的历程可以看出，高等职业教育是顺应社会的发展要求而产生并逐渐发展的，而且其发展也不断地推动着社会的进步；从高等职业教育目前所处的社会环境来看，高等职业教育对推进经济的可持续发展和高等教育的全面健康发展具有不可替代的作用。

（1）高等职业教育在高等教育大众化阶段的功能价值

随着市场逐步成为人力资源配置的主导，中国的高等教育正经历着由精英向大众的深刻转变。在这一过程中，所谓的“精英”阶段，是指高等教育毛入学率尚处于同年龄群体的15%～50%或更低水平；而一旦进入普及化时期，这一比例将突破50%，标志着高等教育的社会覆盖更为广泛。高等教育大众化是社会发展、经济进步的必然要求，高等教育要顺应时代的要求也必须朝大众化方向发展。

过往经验表明，对于那些人口较少的国家而言，如果想要实现高等教育的普及化，仅凭推行四年制本科与研究类学历教育难以为继。进入21世纪，全球劳工与人才市场的数据表明，实现高等教育普及化更为有效的途径是多元化的教育形式，包括在职培训、转岗培训、持续教育，以及短期、社群、实际应用导向的高等职业教育等，这些形式正逐渐展现出优势。高等职业教育“高等性”和“应用性”等属性，既可以满足学生和家长追求更高层次教育的需求，又可以帮助学校吸纳大量的应届毕业生，促使高等教育从“精英教育”走向“平民教育”，逐渐实现高等教育的大众化。

高等教育大众化最为重要的标志之一是结构类型的多样化和办学主体的多元化。办学主体由单一的国家办学向国家、社会、地方、私人等合作或独立办学的多元主体办学发展。从高等教育的职能来看，现代高等教育具有三大职能：人才培养、科学研究和直接为社会服务。单一地以培养“学术型”人才的学科型高等教育不可能完整、全面地实现高等教育的三大功能，以“应用型”“岗位型”人才为培养目标的高等职业教育帮助实现高等教育人才培养目标的多样化，进而推动现代教育体系和教育制度的建立和完善。

（2）高等职业教育在维护社会稳定中的功能价值

积极推动高等职业教育的发展，对于提升公众整体素质、拓宽就业渠道、维护社会稳定以及推动社会进步与发展具有显著效果。我国人口众多，劳动力资源丰富，占全球劳动力的四分之一，预计未来劳动力规模将持续扩大。

提升劳动者的职业技能和创业能力，是应对就业和失业问题的重要方法。此外，受教育程度低者更易失业，而受教育程度高者则更易找到工作，失业风险也相对较低。这凸显了加强高等职业教育发展的重要性。提升工作者的品格和技术，增强其职业变更和市场适应性，势在必行。扩大职业教育规模不仅有助于减轻就业压力，防止高失业率带来的社会问题，更能延长劳动者的工作期限，对维护社会稳定具有积极作用。

从上述分析可以得出，在全球信息化时代，社会应给予高等职业教育正确的价值定位。高等职业教育对社会稳定、经济发展、教育多样化等都有着巨大的价值作用。国务院召开全国职业教育工作会议并发布《国务院关于大力推进职业教育改革与发展的决定》，充分肯定了高等职业教育的价值。该文件提出大力发展职业教育的三大理由：一是加快人力资源开发，是落实科教兴国战略、人才强国战略，推进我国走新型工业化道路的重大举措；二是要全面提升公众素养，将中国庞大的人口压力转化为劳动力优势，进而增强国家的整体实力，这无疑是构建和谐社会的关键所在；三是要深入贯彻党的教育方针，坚定不移地遵循教育规律，这是实现教育领域全面、均衡、可持续发展的基本前提。因此，促进高等职业教育的发展，必须被视为经济社会进步的核心基石，以及教育工作的重中之重。

2. 高等职业教育的层次定位

高等职业教育，作为高等教育的一种独特形式，与以学术目标为主导的一般高等教育并行发展，而非仅仅定位于较低层次和水平的教育阶段。它在高等教育的谱系中融入了职业教育的元素，同时也在职业教育的领域中构成了一个更为高级的教育体系。因此，高等职业教育的层次定位并不是指在高等教育中的层次，而是在整个教育系统中所处的位置。《国际教育标准分类》自 1976 年由联合国教科文组织公布以来，得到世界各国普遍的认可和推行。在过去的几十年间，全球教育格局迎来了崭新变革。高等职业教育与培训的蓬勃发展，远程教育等现代科技驱动的新型教育方式的崛起，以及教育机构多样化的繁荣态势，共同推动着教育的进步和发展。教科文组织于 1997 年 10 月推出了《国际教育标准分类》的修订本。根据该修订本，学术界对高等职业教育在教育标准分类中的定位已达成共识。

过去，高等职业教育主要满足我国经济发展的需求，为改革开放和现代化建设提供了大量人才。但随着科技的发展日新月异以及全球交流合作的日益频繁，我国产业、行业及各个领域的技术架构正迎来重大调整和提升，这必然要求更高级、更专业的应用型技术人才来支撑。知识经济的崛起使得对工作人员智能化的需求大增，引发劳动力和人才结构的深刻变革。技术型人才的需求日益增长，所需知识和技能更加深入、广泛，同时，对多样性综合性人才的需求也愈发迫切。

随着时代的进步，对高等职业教育的期望不断提升，高等职业教育层级的向上拓展已成为势在必行的发展趋势。

3. 高等职业教育的社会定位

高等职业教育是面向社会产业，以社会人才市场需求为导向的就业教育，培养应用型、技能型人才，突出强调毕业生的职业能力和就业竞争力，具有为社会经济发展服务的性质。因此，高等职业教育社会定位应首先注重为产业服务，为产业的发展、壮大、兴盛提供高素质劳动人才。

从社会实践的视角来看，产业服务与产业开发之间存在明显的差异。产业开发涵盖行业的创立、优化乃至部分行业的整合，这一过程往往伴随着知识、科技和管理层面的创新突破。相较之下，产业服务则聚焦于将这些开发成果应用于生产、销售以及各类管理实践中。尽管产业服务同样需要创新思维和商业才智的支撑，但通常并不直接涉及知识、科技和管理层面的创新活动。尽管产业服务与工作实践紧密相关，但与产业开发在方向上有所区别。

高职院校的专业建设与课程开发设置要以产业服务为宗旨，体现职业特性；高职院校学生的实践不是在课堂、实验室里，而是在工厂车间或企业等实训基地里，这样学校培养出来的人才能即刻上岗胜任工作。

产业服务涉及广泛，包含技术支持、法律咨询、销售与采购代理、仓储管理、物流服务、证券交易、保险代理、财务管理、健康管理、旅行管理和信息管理等诸多领域。尽管高职院校及不同层级的高等教育在一定程度上也触及产业服务的内容，但是，唯有高等职业教育将产业服务作为教师队伍社会实践的核心领域，致力于此方面的深入探索和实践。

我国基础本科和研究生教育的社会目标是实现产、学、研的深度融合，即将高新技术转化为产业实力，将教学开发与科学研究紧密结合，此举与我国对知识、技术和管理创新的需求相契合。在此情境下，产业与科研均蕴含着与学科前沿紧密相连的元素。只有转变产、学、研结合的社会定位和学衔制，只有通过产教深度融合，高等职业教育与经济增长及产业结构调整之间的内在联系方能得以彰显；只有契合经济增长和产业结构调整的需求，高等职业教育方能凸显其社会经济价值，展现其固有的基本特性。

（二）高等职业教育的微观定位

在宏观上明晰高职教育的定位后，若将视野转向高等职业教育的微观结构，不难发现其是一种聚焦于特定职业的教育形式，且依据不同类别与层次进行划分。作为职业教育体系中的一环，高等职业教育呈现多层次、多样化的特点，涵盖专科层次，并随着经济与社会的演进，逐渐拓展至本科乃至研究生层次。因此，当聚焦于某一特定职业教育领域时，需重新界定该职业教育机构在高等职业教育体系中的位置、层级和职责，以准确评估其培训能力。同时，在实践中，具体的高等职业院校也应该有其发展目标定位、学校类别定位、学校类型定位、办学层次定位、学科（专业）定位、办学形式与发展规模定位、服务面向定位、功能定位、人才培养模式定位、办学优势与特色服务定位等，以下是高等职业教育微观定位所需遵循的原则：

1. 实事求是原则

高等职业院校应摒弃不切实际的办学思想，认真落实科学发展观，根据当地的社会环境、经济发展状况、市场需要，全面考虑学校自身实力和资源条件进行合理定位。

2. 就业导向原则

在教育全球化的当下，政府和业界对人力资源质量的要求愈发严格。在中国的高等教育版图中，高级职业学校肩负着培养生产、建设、管理和服务一线优秀技能人才的重要职责。高级职业学校以市场需求为导向，形成了独特的教育准则。

社会的需求是高等职业教育发展的核心驱动力。回顾过去高等职业教育发展历程，我们可以看到，那些紧密围绕市场需求，制订符合本地、本行业发展需要的培训计划的高校，往往能吸引更多毕业生，进而促进学校的快速发展。实践证明，那些适应经济发展、就业率高的高等职业院校，具有巨大的发展潜力和广阔的前景。

以就业为导向的教育模式，不仅是高职院校的发展策略，也契合了大众的需求。因此，就业导向成为多数家长的共同期待。

3. 平衡协调原则

高等职业院校在确定微观定位时要使各种定位综合平衡、协调一致，不能互相牵制或出现矛盾，如学校类别定位为医疗类，那么，其学科和功能定位也应是培养医护人员。高等职业院校应坚守特色发展之路，确保规模、结构、质量和效益的和谐统一和均衡发展，妥善平衡在校生规模与教育质量的关系，以及发展速度与办学效益的协调，从而推动学生规模、师资队伍、教学设施和教学投入的同步发展。此外，高等职业学校的定位不应仅局限于自我提升，而应融入整体定位，契合时代与社会需求，与国家及地方的经济社会发展紧密相连，形成良性互动的发展格局。

我国疆域辽阔，地区间差异显著，经济发展各具特色。因此，应紧密结合本地实际，发挥地方优势，创建具有地方特色的学科，这对地方高等教育的存续与发展具有巨大的推动作用。很多企业尚未与该大学进行技术合作，关键问题就是学院缺乏符合本地企业特定需求的优势专业。

当前，为满足地域经济增长和社会进步的需求，各地高等教育机构必须积极调整教学模式，努力塑造自身特色。我国产业结构、制造模式、产品质量及人民生活质量水平显著提升，新兴领域与职业不断涌现。面对新形势，地方高校需适应并优化教育路径与专业布局，以在市场经济的浪潮中立足。

值得注意的是，高等职业教育微观定位并不是一成不变的，随着地区经济的发展和高职院校实力的壮大，其发展目标、办学层次、办学规模等应作出相应调整；随地区经济发展重心和发展优势的转移，其学科定位、办学形式定位等也可进行适当的调整。但是，在一定时期内，高等职业院校的微观定位应保持相对稳定性，这样才能积聚力量、发挥优势、办出特色，为高职院校的长远发展奠定基础。

二、高等职业教育科学正确定位的意义和依据

（一）高等职业教育科学正确定位的意义

1. 引导高等职业教育良性发展

高等职业教育的成功与否，取决于社会和公众对其有效需求的满足程度，只有理性化定位，使高职教育适应社会发展的要求、符合地方经济发展实际，才能逐渐改变人们观念上的不认同，才能促进高等职业教育可持续发展。

2. 推动社会经济可持续发展

我国社会主义现代化建设所需要的专门人才是多层次、多元化的。基础理论建构和高新技术的研制开发需要研究型的科学人才，理论科学转化为技术需要应用型的工程人才，将技术融入实际生产，进而转化为实际生产力，亟待培养更多一线生产、管理和服务领域的实用技术人才。我国正处于逐步迈向“世界制造工厂”的历史阶段，对技能型和应用型高级人才的需求日益旺盛。在工业化程度较高的国家，工程技术及运营管理类员工占比高达 80%；相比之下，我国这一比例远低于 40%。无论是全球经验还是中国实践，均证明大力推动高等职业教育，培养一批具备专业技能的优秀员工，是提升产品品质、实现经济高效益、提高劳动生产效率及增强国内外竞争力的基础。所以，正确定位高职教育，培养规格和质量都能满足各类企业生产需要的高职毕业生，才能真正推动经济的可持续发展。

（二）高等职业教育正确定位的依据

为了正确定位高等职业技术教育，有必要对这种教育模式产生的背景、基本属性、社会环境等基本问题进行初步论述，以明确定位的前提条件和依据。

1. 高等职业教育产生的背景

随着经济的不断发展和社会的持续进步，社会对人才的需求呈现出多种规格、多层次和多样化的特点，这构成了高等职业教育发展的坚实基础。人才需求与社会进步相辅相成，社会教育也随之不断演变以满足这些需求。

工业革命后，科技的飞速发展带动了经济的快速增长，工业结构不断扩大，社会职责分工日益精细。工厂不仅需要擅长产品设计和生产的工程师，还迫切需要掌握精湛生产技术的工人，这催生了高级工程教育和技工教育。进入20世纪，尤其是第一次世界大战后，生产设备日益复杂和精密，形成了完整的系统，需要专业人员解决实际问题。因此，技术型人才应运而生，中等职业技术教育也应运而生。

随着全球信息技术革新的迅猛发展，全球产业大幅扩张，产业结构不断演变，社会职业岗位的整体布局发生了重大转变。当前，高科技行业如雨后春笋般涌现，将人类的生产能力推向了新高度。这种变革对人才的需求也达到了前所未有的水平。一方面，第三产业的繁荣催生了众多新兴职业领域，如广告创意、投资代理、招标代理、建筑监督等；另一方面，原有职业呈现出分化和融合的趋势，如护士角色从单一向专业化转变，形成了不同级别的护理人员。此外，工作领域日益多元化，技术与技能相互融合，如机械与电子设备的结合，构建了机电一体化的新模式，编程、操作和维修的整合也成为常态。同时，高科技产业、文化教育、智能、咨询、创意、设计、传播、管理等领域也蓬勃发展。

随着社会职业技术岗位的不断演变，中等职业技术教育的培养层次逐渐显露出局限性——无法满足当下及未来的人才需求。这一转变推动了职业技术教育从中等教育层次向高等教育层次的跃升，其培养目标也相应提升，聚焦于培养高级技术型人才。自中国改革开放以来，社会主义建设取得了举世瞩目的成就，经济科技水平实现了跨越式发展。高级科技产业化进程加速，社会生产方法日益智能化、精细化。与此同时，经济增长模式也发生了深刻变革，从过去的简单扩张转向更加注重效益与质量的集约型发展。这种转变对劳动力市场的需求产生了深远影响。对于只具备基本技能的劳动力需求逐渐减少，而对能够精通先进科学技术、具备创新精神和领导能力的工匠和领导层的需求则迅速增长。这种需求变化已经超出了高等教育和初级职业培训所能满足的范围。因此，积极推动高等职业教育的进步显得尤为重要。高等职业教育作为培养高级技术型人才的重要基地，必须紧密对接市场需求，不断更新教育理念，优化专业设置，提升教学质量；同时，还需要加强与企业、行业的合作，推动产学研深度融合，为培养更多高素质、高技能的人才提供有力支撑。

2. 高等职业教育的基本属性

高等职业教育是一种特殊的高等教育形式，包含了高等职业教育的各个方面。高等职业教育也是高等教育的一个组成部分。因此，高等职业教育具有不同于普通高等教育的特殊属性。只有了解高等教育的基本属性，才能准确把握高等职业教育与普通高等教育、高等职业教育与中等职业教育的联系与区别，进而合理科学地定位高等职业教育。

目前，高等职业教育基本属性被学术界归纳为高等性、职业性、地方性、社会性等。其中，以冯振山的著作《高等职业教育理论研究与实践》为代表，对高等职业教育的基本属性做了经典概述："一是办学体制的地方性，职业大学办学的主管是地方政府，宗旨是'立足地方、服务地方'，为地方经济的发展提供强有力的后备大军。二是教育功能的综合性，地方经济的发展和社会的进步必然要求高等职业教育是培养各行业、各级各类的专门人才的综合教育。三是培养目标的应用性，"普通高等教育科研类教育，培养科研型、学术型人才，而高等职业教育属于职业类教育，培养技术型、技能型人才"[①]。正如国家教育委员会所指出的，职业学院需要直接服务于地方经济发展，服务于中小企业和乡村企业，承担为地方经济建设和社会进步培养高级应用技术管理人才的责任。四是专业设置的职业性，普通高等教育是学科教育，按学科设专业，以学科理论设置课程，组织教学，强调知识后劲。高等职业教育是职业岗位教育，按岗位群设专业，按岗位必须具备的知识和能力设置课程进行教学和训练。五是教学过程的实践性，职业大学培养目标的应用性和专业设置的职业性，决定了其教学过程的实践性，实践性教学的主要特征就是理论联系实际，以能力培养为中心，着力培养学生的动手能力和解决生产、工作实际问题的能力，使教育与训练、教学与实践有机地结合起来。

在这里有必要说明的是"职业性"并不是高等职业教育的特有属性，对比高

① 李承先．高等职业教育新论 [M]. 北京：中国书籍出版社，2018.

等职业教育与普遍的高等教育，其精髓并不在于“专业性”的深浅或教育级别的差异，而更多地体现在“实践性”“技术性”“应用性”的程度上。高等职业教育应被视作“高级技术教育”的典范，它与普通教育的显著区别在于培育人才种类的不同，即所涉及的职业领域和类型各具特色。

3. 我国高等职业教育的社会环境

世界经济高速发展，在21世纪的今天，信息革命和信息产业使社会的分工更加细化，日新月异的科学技术派生出大量高新技术为依托的职业岗位，经济结构和产业结构发生重大调整，迫切需要大批熟练掌握现代化科学技术的应用型和技能型人才。经济技术水平的不断提高，国际竞争的加剧，以及高等教育大众化的加速，呼唤更高层次的职业教育，高等职业教育与普通高等教育相互沟通和衔接，需要人们因此而树立职业教育大众化和职业教育的终身教育观念。

第三节 高等职业教育的功能

一、高等职业教育的人才培养功能

教育作为一项塑造个体的社会活动，其本质是对人的深度培育。无论是古希腊教育家所倡导的“自由人”理念，还是19世纪马克思所倡导的“人的全面发展”观念，或是20世纪60年代阿列克斯·英克尔斯所研究的“现代人”概念，均彰显了“人”在教育中所占据的核心位置。这些理念或概念都凸显了教育对于个体成长的深远影响，强调了人在教育过程中的核心价值和重要地位。“书中自有黄金屋，书中自有颜如玉，书中自有千钟粟”“十年寒窗无人问，一举成名天下知”，教育自古以来也被当作达成个人目标的手段。

社会，作为一个由多元群体共同构成的复杂而完整的体系，其运作与发展离不开每个个体的积极参与和贡献。在这个大舞台上，每个个体都依据自己的兴趣、喜好和理想，选择适合自己的工作领域，并努力在社区中确立独特的地位。这种个体选择的多样性和丰富性，不仅为社区注入了活力，也推动了社会的进步。社区作为社会的基本单元，应当为个体提供一个展现个性的舞台。这个舞台应当是开放包容的，允许不同观点、不同文化的交流和碰撞。在这样的环境中，个体的潜能才能得到充分的激发和释放，个体才能自由地表达自己的思想、展示自己的才华。同时，社区的开放、包容氛围也有助于培养个体的多元特质。当个体在社区中受到尊重和认可时，他们会更愿意探索自己的潜能、发展自己的特长。这种对个体特质的尊重和包容，不仅能够提升人的整体素质，也能够增强社区的凝聚力和向心力。随着个体特质的丰富多元和潜能的充分释放，社会也会因此受益。一个充满活力、创造力和创新力的社会，其发展速度必然会更快，其进步的步伐也会更加坚定。因此，我们应当努力营造一个开放、包容的社区环境，让每个人的潜能都能得到充分的发挥，为社会的快速发展注入源源不断的动力。

高等职业教育自诞生以来，便成为社会瞩目的焦点。在面对知名学府的竞争以及个体转型的严峻挑战时，高等职业教育逐渐展现出其独特的魅力。高等职业教育更加契合社会的需求，更贴近生活的实际，逐步深入教育的核心领域，因此，在人才培养中扮演着举足轻重的角色。

（一）满足民众自我发展的愿望，提高国民的整体素质

高等教育从精英教育走向大众化教育，是人类社会从农业社会经过工业社会向初露端倪的知识经济发展的必然趋势，社会经济的发展不断启迪人们认识未知世界，促使人们对高等教育的需求日益增长，高等教育从“象牙塔”中逐渐摆脱出来，这是高等教育的发展规律。

随着中国改革开放进程的加快，知识经济对中国各个层面的渗透，以及国家创新体系的逐步建立，人们对高等教育的需求依然强劲，对高等教育需求的潜在能量以及蕴藏在社会中的教育激情还在继续，特别是对高质量高等教育的需求还未达到高潮期，高等教育大众化还在深化。发展高职教育，在适度扩大规模的同时，努力提高教育教学质量，进一步提高民族的整体素质是当前和今后一个时期高等职业教育的重要任务。

由于产业结构的调整、经济形势的不断变化、周期性的金融危机，大众化条件下高校毕业生的增多，导致社会出现大量劳动力。在这种背景下，高等职业教育和技能培训具有全新的意义。

我国正逐步推行就业准入和劳动预备制度，旨在提升劳动者的整体素质。国家规定，所有从业人员必须持有相关学历证书、职业培训合格证书和职业资格证书。由此可见，职业技能教育已成为满足社会职业需求的必然趋势，为高等职业教育领域提供了广阔的发展空间。作为职业教育的重要组成部分，高等职业教育将成为培养高级实用人才的主力军，对提升全民素质具有关键意义。

（二）培养高级应用型人才

高等职业教育旨在培育出具备全面专业素质与综合职业技能的高级应用型人才，这些人才能够适应生产、建设、管理、服务等领域的前沿工作。其培养目标的特色具体体现在以下几个方面：

1. 人才层次的高级性显著

高等职业教育作为高等教育的重要组成部分，要求学生掌握与高等教育相匹配的基础理论知识和技能，并能够熟练运用新知识、新技术和新工艺。相较于一般的高等职业教育，高级应用型人才的实践操作和解决实际问题的能力更为突出，知识领域也更为宽广，超越了一般的中等职业教育范畴。

2. 职业教育的职业性凸显

高等职业教育以职业为导向，通过专门的职业生产和管理训练，提升学生的职业技能。它根据各职业岗位的需求制订教学计划，并通过能力评估确立培养目标和人才标准。高职毕业生通常能够快速适应岗位，展现出较强的适应性和实践能力。职业教育的核心特质在于培养学生的知识、技能和职业素养，这正是高等职业教育的重要特征。

3. 人才类型的技术性鲜明

高等职业教育的毕业生不仅需要掌握特定领域的核心知识和基本理论，更需具备实际职务所需的操作技术和组织能力。他们能够将技术理念转化为实际产品，并在生产过程中提供技术指导和组织协调。他们具备良好的信息管理、沟通与利用能力，能够引领设备、制造过程和产品的优化。这样的人才既具备丰富的专业知识，又擅长生产技能，同时展现出卓越的组织协调能力。

“能力优先”的理念是对传统的以学科或知识为主导的高等职业教育的反思。在理解高职教育的这种“能力本位”时，应注意其两个基本特征：

第一，尽管在“能力本位”中，“实践能力”的培养是重点，但其核心实质是一个融合了知识、技巧和态度的综合素养体系。这一体系主要由四个方面构成：一是执行工作任务所需的基本技能和动手能力，诸如知识应用和技术运用；二是实现工作目标所必备的职业素养，如德国商界20世纪80年代所提的“核心能力”，涵盖团队协作、沟通表达、冲突处理、心理调适等；三是岗位适应性和工作灵活性；四是在技术应用过程中展现的创新思维和开发潜能，诸如改进生产流程、研发制作技术、变革管理模式等。

第二，毋庸置疑，“技术应用型人才”的培养是高等职业教育的核心目标，但在此目标之下，我们更应强调“人的全面成长”这一核心理念。通过将人性的升华与能力的增进相互融合、相互促进，我们得以将人的全面发展推向新的高度。

倡导“全面发展”的理念，既是现代社会对教育的期许，也是高等职业教育发展的必然选择。高等职业教育促进人的全面成长，主要体现在以下三个层面：

一是对受教育者实施道德、智力、体育、审美、职业技能等多方面的教育，以实现其全面且均衡的发展。每个人的身心素质条件是不一样的，高职教育在实施德、智、体、美教育的同时，给予高职学生职业技术教育，充分调动学生的学习积极性，使其潜在的素质优势得到发挥，进而促进智力、体力协调发展，最终实现全面发展的目标。

二是高职教育把教育同生产劳动紧密结合起来，使人实现全面发展。对于所有达到一定年龄的未成年人来说，未来教育能够将生产劳动与智力教育和体育教育相融合，这不仅是提升社会生产力的一种途径，也是适应全面发展的人的唯一途径。高职教育的重要特征就是在对受教育者实施理论知识教育的同时，重点突出实践性教学，突出对学生的劳动能力的培养，实现理论与实践相结合，从而为学生奠定了全面发展的坚实基础。

三是促进受教育者的人性完美，使其获得全面、和谐发展。教育的本质是有目标地培育人才的过程，其核心始终聚焦于“人”的全面发展。人与动物的区别，即在于人性的独特性。人的全面成长离不开对其内在品格的深刻洞察。而马克思主义的人性理论则进一步强调，教育应依据每个人的独特属性，从多个维度雕琢其内在品格，实现自然、社会与精神的和谐统一。

尽管高级职业教育的核心目标是培养具备卓越科研与实践能力的专业人才，但其根本目的是提升和完善个体。通过加强学生的社交技能、职业伦理以及对共享生活、自我认知和价值观念的深化教育，同时注重培养学生的创新精神和主体性等特质，高等职业教育致力于塑造具有独立性、创新精神的学生，推动其人格的完善，实现全面、和谐的发展。

二、高等职业教育促进科技进步的功能

从 1809 年开始，洪堡建立了柏林大学，并提倡将教学和科研融为一体的理念。这样，德国的大学就打破了过去仅注重教学的传统，使得科学研究逐渐转变为大学功能的关键环节。这一改革成果一直延续至今，成为现代高校的重要职能。《中华人民共和国高等教育法》第一章第五条即规定了“发展科学技术文化”作为高等教育的任务之一。

目前，我国的大多数高等职业院校都是专科级别的，肩负着推动科技发展的重要任务。

近些年，通过院校与教师的共同努力，高等职业院校的科研技术已有了较大的进步。许多教师根据高等职业教育的规律和特点进行了应用技术的开发和研究，取得了较好的成效。高等职业院校的教师一定要进一步提高认识、转变观念、振奋精神、自觉地投入到教学改革、技术开发和服务科学研究活动中，在教好书的同时，尽己所能地做好科研工作。

（一）高等职业院校是实用性科学与技术研究的主体力量

现代发达国家高等教育研究功能的发展历程清晰表明，将实用性研究融入高等教育的研究职能中，以促进国家发展进程，是高等教育研究职能实现的关键路径。鉴于高等职业教育的目标是培养在生产、建筑、管理、服务等领域发挥关键作用的顶尖技术人员，许多高等职业院校与工厂、公司、社区等实体保持着紧密的合作关系。因此，这些高等职业院校所面临的实际工作、日常生活和教育教学方面的挑战也更为复杂和具体。

既具有相应专业的深厚理论水平，又具有相应专业的丰富实践经验的高等职业院校的广大教师无疑应当承担起解决这些应用性问题的重大责任，成为实用性科学和技术研究的主体力量。

在英国工业化的长河中，实践科技革新而非传统的大学教育，扮演了技术进步的主要推动者。起初，这种革新主要根植于英国的技能劳动者培养体系，而后逐渐转向非传统的高等教育设施。随着工业革命的浪潮愈发汹涌，这些新型高等教育体系在与传统大学的较量中日渐崛起。它们与英国工业界的紧密合作，不仅推动了技术的前沿发展，更形成了与传统大学忽视工业革命态度的鲜明对比。

这种推动力量主要体现在两个方面：一方面，新兴高等院校设立了与工业革命息息相关的专业和课程，致力于培养能够满足工业社区需求的技术精英；另一方面，新型高等院校建立了专注于工业化的科研机构，与企业携手开展具有深远意义的工业发展探索，为工业化注入了技术革命的澎湃动力。例如，伦敦大学国王学院的化学课程不仅涵盖了众多与工业紧密相连的学科，其教师更是积极投身当地化学工厂的建设和技术指导，推动了润滑油、煤矿抽水器等技术领域的革新。因此，从历史的长河中回望，英国的新型学府在工业化进程中进行了大量与经济增长紧密相连的应用性研究，这一事实无可辩驳。

在美国，赠地学院设立了高等院校的地区性服务功能，强调将大学教育与农业和工业进步相结合，以解决实际问题。《莫雷尔法案》赋予州立大学支持地区经济活动的重任，并优先考虑地区法律规定的重点任务。当知识创新的应用价值得到认可时，它们往往能迅速融入高等教育的课堂。此外，为满足本地工业企业的需求，设立的高等教育研究项目虽然与教育培训相关联，但通常具有独特的属性并已达到规范化。随着美国迈向工业化的新阶段，许多大学和工业界共同构建了一套融合人才教育与科学研究的体系。在这一时期，美国大学的科学研究重心逐渐从纯理论转向解决现实问题，特别是在 20 世纪 20 年代以前，解决现实问题成为其研究的主要方向。

根据以上事实，我们可以认为，应用研究与产品开发应是当今我国高等教育研究功能极为重要的一个方面。所以，发展中国家应该在尽量加强传统高等教育基础研究工作，在促使部分科研基础较差的传统大学调整研究功能的同时，对新兴高等教育机构，特别是实用型高职学院的研究职能给予高度的重视，推动其根据自身的实用性强、实验、实训和信息资源条件优越的特性和优势，积极进行与国家建设和地方经济发展紧密相关的各类实用研究和创新，构建与其自身特性相匹配、有利于人才培养的研究体系。

（二）高职教育是科技转化为生产力的重要中介

科学技术是第一生产力，是经济发展的重要推动力。在竞争日益激烈的国际环境下，国家的发展越来越依赖于科技的发展。国家间的竞争最终体现为科技的竞争。但是，科学技术毕竟只是知识形态的生产力，不是现实的生产力，科技对经济发展的贡献，主要表现为科技成果在经济领域的有效推广和应用，即将科学技术转化为生产技术，降低企业产品的成本，提高产品的质量，增加产品的技术含量，整体提高企业的市场竞争力，带动经济的良性发展。

尽快提高科技成果转化率是科学技术工作的根本目标之一，也是各级政府、企业界最为关注的议题之一。

高等职业教育的核心目标是培养一线应用型人才，因此，在教学环节中，实验、实践和实训课程被设置为重要环节，这些环节与市场紧密相连，并与生产和管理的实际操作息息相关。这为其科研活动提供了明确的方向。在进行科研时，这些教师只需将前沿理论与实际问题相结合，辅以科学的方法、独特的思维方式和手段，便能更高效地推进科研任务，从而显著提升科技成果转化为实际生产力的效率。

更为重要的是，应用型人才是推动技术创新和使科技成果转化为生产力的主体力量。高职院校是培养高级应用型专门人才的学校，要将科技成果转化为现实的生产力，进而推动高新技术产业的发展，就必须通过高等职业教育培养一大批在生产企业第一线将科技成果转化为现实生产力的专业技术人才。

三、高等职业教育的政治功能

无论是原始社会、奴隶社会、封建社会、资本主义社会，还是社会主义社会，教育对维护和巩固社会生产关系的职能始终是存在的。高职教育作为一项至关重要的社会活动，其目标是培育出优秀的高级应用型人才。高等职业教育不仅肩负着向年轻一代传授专业知识和技能的重任，还致力于培养社会政治观念、职业道德和生活准则，以满足生产力和生产关系的发展需求，从而维护并强化社会的政治体系。在我国社会主义制度的背景下，高等职业教育的政治作用尤为凸显，主要体现在以下两个方面：

（一）有助于巩固、完善社会主义政治制度

所有教育形式，特别是高等职业教育，均以契合特定的社会需求为终极目标。不同的社会环境孕育着各具特色的高等职业教育。高等职业教育作为一种社会行为，其属性深受社会属性的影响，并受到社会关联的深刻制约。因此，高等职业教育的属性无疑成为社会联系作用的生动写照。在阶级社会中，高等职业教育的属性受特定阶层生产方式所塑造；而在阶层制度下，其属性亦由特定阶层的生产方式所决定。正如马克思、恩格斯在《共产党宣言》中所强调的，“支配着物质生产资料的阶级，同时也支配着精神生产资料”[①]。高等职业教育目的的确定，教育思想的选择，教育方针、政策的制定，无不是为了维护和巩固统治阶级的生产关系。在中国，促进职业技术教育的进步，既是提升工人道德观念和科学文化素养的关键所在，也是实现社会主义现代化这一战略基本支柱的重要举措。同时，它在改革社会主义政治结构、完善政治体系方面也发挥着不可或缺的作用。这样的发展对于培养更多高素质技能人才具有深远意义，更是推动国家现代化进程不可或缺的一环。高职教育对进一步巩固以工人阶级为领导、工农联盟为基础的社会主义制度具有特殊的重要意义。

（二）培养具有坚定、正确的政治方向的人才

教育在政治领域的影响力和效果，主要体现在其对人的塑造作用上。教育作为传播观念的重要工具，借助师生间的观点交流、行为示范以及学校教科书和出版物等媒介，推广特定观念，塑造公共舆论，进而引导大众思维，服务于特定政策的实施。

当前，我国正处在社会主义的初级阶段，政治教育是中国共产党领导下的社会主义教育，要培养出具有社会主义的思想觉悟和道德品质，掌握现代科学技术知识，立志为社会主义现代化建设奋斗终身的一代新人。这对于巩固、发展当前社会主义政治制度，并最终实现代表人类最高理想的共产主义无疑起着至关重要的作用。高等职业教育的主要任务是为社会主义现代化建设输送具备高级实践技能的人才，其中，培养学生的社会责任意识是其教育目标的核心所在，这也是社会主义现代化建设对高等职业人才素质的深切期望。高等职业教育机构通过深化

---

① 包雅玮 . 青年大学生价值观教育发展研究 [M]. 镇江：江苏大学出版社，2021.

具有国家特色的教育，有效唤醒学生的社会责任意识。同时，高等职业教育机构还能够积极贯彻党的教育方针，对学生进行爱国主义、集体主义、社会主义教育，理想与信念、道德与修养、民主与法治教育，形势与政策、历史与现状、优秀传统与现代文明教育，科学思想、科学知识、科学方法、科学精神、科教兴国教育等，这些举措旨在引导学生积极提升自我，形成深厚的社会责任感。同时，高等院校应积极推进大学生党员的培养工作，激发他们的政治热情，帮助他们树立正确的政治观念；还要积极吸纳优秀大学生加入党的组织，为高等教育的改革和发展提供思想和组织上的支持。高等教育不仅能为全面建设小康社会、实现现代化提供智力支持和人才保障，还能为国家的长远发展奠定坚实基础。

四、高等职业教育的经济功能

生产力有三要素：劳动者、劳动资料和劳动对象。其中，劳动者和以生产工具为主的劳动资料都离不开科学技术和教育。其实，劳动对象是与人的知识和技能分不开的，同样是离不开科学技术和教育的。例如，各种新型材料都是经过人们加工和制造而成的，甚至是经过长期研究才获得的。人的身体是劳动力的物质基础，但作为劳动能力来说是很有限的，而且，自然的人不能成为生产力的要素。劳动者只有通过教育获得知识和技能，具有改造客观世界的能力，才能成为劳动力，成为生产力的要素。至于生产工具，必须由人来创造和运用，更是离不开人的智能和教育。

随着科学技术的发展，人的劳动能力越来越明显地取决于智能，体力的作用相应地减少。受过高等教育的工人，其发明创造的积极性要比只受过四年教育的工人高出很多倍。总之，科学是生产力，而科学只有依靠教育才能为劳动者所掌握；劳动者的培训和教育属于智力投资，教育本身是一种潜在的生产力。

在历史的长河中，许多国家已经深刻领悟到教育的重要性。尤其在当前科技变革的浪潮下，工业化国家都渴望维持或夺取优势地位。在全球教育体系中，高等职业教育因其紧密而直接的联系，成为各国关注的焦点。那些在经济和科学领域取得显著成就的国家和地区，普遍将高等职业教育的发展视为提升经济、科学乃至整体实力的“锐利工具”。全球竞争日益激烈的背景下，尤其是中国加快构建社会主义市场经济体制并成功加入世贸组织后，人才需求和竞争变得更为激烈。这使得高等职业教育在中国经济发展中的作用愈发凸显，其影响力也更为广泛。

（一）高等职业教育能为发展知识、技术密集型经济提供人才保证

知识和技术密集型经济是一种从劳动力素质和技术创新视角来分类技术种类、产业领域和产品的方式，是相对于劳动密集型经济而言的。劳动密集型经济，顾名思义，是着眼于劳动力的数量和普通技术技能。在过去的生产阶段，有限的知识和经验与劳动紧密相连，并未形成与劳动独立的力量。因此，总的来说，这些积累并未超越制作方法的范围，而是一代代不断地增加，并且是逐渐扩大的。虽然在一定时期内，劳动密集型经济在经济发展中起到了主要作用，但随着经济的发展，劳动密集型经济越来越受到自然资源的限制，如由于石油、矿产等资源的再生周期较长或不可再生造成的影响，以及受生产技术、工艺水平方面的限制，研究、开发知识含量很高的资源替代品和提高生产工艺的高技术含量成为发展经济的必然要求。

我国经济的高速发展在很大程度上依赖于资金投入和能源消耗，由此引发了能源供应的紧张和环境压力的增大。为实现经济社会的全面、平衡和可持续发展，我国迫切需要转变经济增长模式，踏上新型工业化的道路。从基础层面来看，新型工业化的推进离不开科技的进步和员工素质的持续提升，这要求我国拥有大批高素质的员工和庞大的技术型人才队伍。当前，我国生产和服务领域急需经过优质高等职业教育与培训的优秀人才。

当前，全球制造业的中心正在逐步向中国转移，中国的经济增长也在很大程度上依赖于制造业的扩张。中国制造业的相对优势正逐渐融入全球化进程，这既推动了中国经济的快速增长，也使国内行业发展面临更为复杂的局面。随着时间的推移，中国生产工艺所面临的国际竞争压力也在日益增大。

从长远发展来看，发达国家掌握着先进制造业的关键技术和市场，我国目前的“两头在外，中间在内”的发展模式仅是过渡阶段。其他各行业同样需要大量前沿技术应用型人才。随着全球顶级制造商纷纷进驻中国，技术本土化成为重要的商业机遇。然而，中国制造业一线高级技术人才更是难求。

因此，我们必须坚定推进以培育高端实践性专业人才为核心的高等职业教育，

大幅提升劳动者的专业技能和素养。这有助于我国经济发展方式的转型，从当前的粗放型模式转向更加注重科技创新、提高单位产出效率的集约型模式，为经济发展提供有力的人力资源支撑。

（二）高等职业教育能够促进国家经济收入的增长

从长远和短期两个维度审视，高等职业教育对经济发展的影响不容忽视。从长远来看，高等职业教育通过培育社会所需的各类专业技术人才，为经济的持续健康发展提供了坚实的人才基础。随着高等职业教育的发展，对其的支持需求也日益增大，无论是政府、企业还是普通民众的投入，只要力度加大，都有可能为经济进步注入新的动力。同时，这种“投入乘积”效应意味着在教育领域增加一定的资本投入，将会带来成倍的回报，进一步推动经济的繁荣和发展。

虽然我国高等职业教育发展比较晚，但为经济社会发展培养了大量的各类高级专门应用型人才，对经济社会的发展起到了重要作用。

此外，教育对经济的短期推动作用备受瞩目。纵观全球高等教育的演进轨迹，高等职业教育的诞生和发展无疑在高等教育的扩张中占据了举足轻重的地位。同时，当前社会对高级职业教育的渴求日益迫切，这种需求正迅速转化为实际的社会需求。因此，扩大高级职业教育的规模，能够在短期内对经济增长产生一定的积极影响。

（三）高职教育有利于区域经济的发展

在教育领域，尤其是在高等教育中，推动经济发展无疑是其核心使命之一。然而，经济对教育的需求呈现出多样性，这在不同地理经济区域尤为明显。从地理经济的视角来看，经济的区域差异必然引发对教育的地域化需求。因此，教育不仅需在宏观层面助力国家与民族的经济发展，更需在微观层面为地方经济的成长贡献力量。

高等职业教育的主要目的对地方经济产生积极影响。高等职业教育致力于培育具备实际操作能力的高级应用型人才，以推动地方经济与社会的发展；同时，通过提供技术支持，进一步促进地方经济社会的繁荣和进步。

（四）高职教育有助于解决“结构性失业”

长期以来，失业与失业人员的再就业问题一直是全球政府所关注的核心议题。现代经济学将失业划分为三个主要类型：总体失业、摩擦性失业和结构性失业。其中，总体失业主要源于劳动力总供应超出总需求。而摩擦性失业则是由人们在地域、工作或生活周期中的不同阶段变换工作所引发的。结构性失业主要源于经济结构的变革，如产业、产品、地域等方面的转变，导致现有劳动力在知识、技术、观念、地理位置等方面无法适应市场需求，进而引发失业。通常，结构性失业比摩擦性失业更为持久，解决之道在于对劳动者进行再教育和培训。

推动我国经济持续发展的核心是实现经济的工业化和都市化。工业化不仅意味着工业生产量的增长及其在全国经济中占比的提升，更涉及经济结构的持续优化、转型与升级，这是经济成长道路上的重要一环。实现工业化是我国现代化进程中艰巨的历史任务。我国现代化建设必须坚持走以信息化带动工业化，以工业化促进信息化的新型工业化道路，努力推进产业结构优化升级，形成以高新技术产业为先导的产业格局。

自“十五”计划实施以来，中国经济向第二、第三产业快速发展的创新经济模式转变。科技体系转向更多依赖资本和先进科技，通过高科技手段改造传统行业。进入 21 世纪，我国产业结构发生显著变化：职业结构转型加速，职位分化与复合现象凸显，新兴职位不断涌现；职业分工日益综合，对一专多能、多工序轮换、多工种复合的需求增长；第一产业就业比例持续减少，第三产业成为就业增长的主要动力；职业结构朝着高新技术产业方向发展，推动了知识密集型服务业和信息技术应用。

在新兴物质生产领域，尤其是不断扩张的非物质生产领域劳动力短缺问题普遍存在。这种结构调整对人才层次、类型、规模及教育结构提出新要求。职业教育需提高专业和课程设置标准，推动职业教育升级和高等职业教育发展。

这两种情况均可能引发结构性失业问题。解决之道在于关注劳动力构成，包括技能水平、职业种类和地域分布，并确保其适应经济发展和结构转型。推进高等职业教育并增强其经济支持，可为失业者提供长期的学习和培训，提升这些人的知识技能和工作质量，培养他们成为具备实践技巧、职业道德和全面素养的高级技术应用型人才。这样能够迅速调整人才类型和分布，确保劳动力构成和技术层次满足经济结构转型和经济发展的需求。

五、高等职业教育的文化功能

我们所处的时代是一个“文化时代”，文化在社会生活中扮演着十分重要的角色。考察一个区域高职教育发展时，如果只着眼于政治、经济的推动，不将其置身于文化的背景中去考察，是不全面的。

高等职业教育作为社会文化之重要构成，既受限于文化的演进，又依循自身规律，展现了独特功能，进而积极作用于文化，二者形成了一种相辅相成的互动关系。面对当下传统文化、西方文化和多元文化交织的复杂局面，我们应以高等职业教育的需求为基石，将文化、历史和现实的价值观与深层意义融入其中。对于中国的高等职业教育，我们需进行改革、提升和创新，以更好地迎接未来的挑战。因此，如何深入挖掘并充分利用高等职业教育的文化价值，推动高等职业教育与文化的和谐共进，已成为高等职业教育理论界亟待探讨的核心课题。

（一）高等职业教育的文化传承、保存功能

教育的根本使命是文化的传承和守护。社会通过教育这一途径，将历代先人的生产智慧、生活经验、道德规范和科技知识有条不紊地传递给年轻一代。正是这样的教育行为，确保了文化能够持续不断地被后人继承，避免中断。与此同时，教育还将人类丰富的精神文化财富转化为每个人内在的精神宝藏，为人们的精神财富提供了一个既安全又可持续的“储存库”，从而使得教育成为文化的坚定守护者。

作为高等教育的关键环节，高等职业教育的目标聚焦于培养高级应用型人才，这决定了高等职业教育所承载的文化特性既具有共性，又独具特色。

第一，高层次。从课程设置来看，高等职业教育是基于常规教育的高级教育形式，其核心内容必然是对基础文化的深入剖析和提炼。从受教育群体来看，高职学生的身心发展已趋成熟，能够接受并吸收更为深邃的知识。他们还需树立正确的价值观念和生活观，将外部的学习活动内化为主动的价值判断。

第二，专业化。随着文明的进步，社会分工越来越复杂、越来越精细，这使得经济与社会的发展需要大量具有不同专长的人才。发展高等职业教育的出发点和落脚点主要是为地方经济建设、社会的发展以及行业发展服务。高等职业院校都是根据地方的社会、经济、文化、教育、人口等因素来办学的，培养的是面向地区经济建设和社会发展，工作在生产、服务、管理第一线的高级实用人才，其专业设置、课程内容、服务项目都密切适应地方和行业的需要。从目前来看，各国的高等职业院校基本上都实行专业化教育。因此，可以说，高职教育专业化符合了社会发展的需要。

（二）高等职业教育的文化传播功能

文化的扩散通常意味着某一社区的文化组织对其他社区施加影响，这是一种单向的独立过程。然而，文化的沟通则涉及两个或多个文化组织间的互动，呈现出相互影响、双向或多向的特质。对于各方而言，文化的互动不仅是自我提升的路径，更是注入新活力与生机的源泉。教育，作为文化传递与沟通的核心媒介，自然承载了丰富的文化价值。历史证明，文化的推广和沟通横跨教育、经济、艺术、体育、宗教、战争等多个领域，而高等职业教育作为高等教育的重要组成部分，无疑是这一进程中的关键环节。

第一，高等职业教育在文化传播与交流中发挥着至关重要的推动作用。要使一种文化为另一种文化所接纳和理解，就必须使前者语言、文字和内涵为后者所接纳，进而在相互认同的基础上实现交流。众多高等职业院校致力于培养各类外语人才，为国家输送了大批专业人才，因此，高等职业教育已成为文化传播的主要动力。

第二，高等职业院校是文化传播和交流的重要阵地。这些学校拥有丰富的教育资源和实践场所，为文化和科技的广泛传播和交流提供了优越条件。高等职业教育的教师作为兼具高水平学术能力和实践技能的特殊群体，不仅承担了传授知识的职责，还积极参与科研工作，成为文化传播和交流的重要桥梁。高职学生则凭借扎实的理论基础和出色的实践技能，成为各类文化的重要载体。

（三）高等职业教育的文化选择、提升功能

所谓文化选择，是对某种或某部分文化的撷取和吸收或排斥和舍弃，是人类文化积累的日益加强与人类学习的相对有限性之间矛盾发展的必然结果。教育对文化的选择是按照一定的社会需求和教育的特性进行的，正确且恰当的文化选择，对于教育和文化的进步具有显著推动作用。它能助力学习者迅速、高效地汲取文化精髓，并将文化转化为个人财富，进而在社会实践中利用这些财富，推动社会快速发展。因此，教育在挑选文化时的决策，构成了文化发展的核心内在动力，对文化的提升起着至关重要的作用。

在当下文化环境日趋复杂、多元的背景下，教育需审慎辨别文化的优劣。文化具有多层次、多系统、多特性的特点，使得教育在选择时面临诸多挑战。同时，科技进步日新月异，文化积累加速，持续发展和变化使得教育在挑选文化时无法一蹴而就，只有经过反复筛选和操作，才能有效吸纳或彻底摒弃。对于高等职业教育而言，有价值的文化素材并不等同于有价值的教学素材。鉴于高等职业旨在培养高级实用人才，所以，在挑选文化素材时，需遵循以下基本原则：

第一，符合社会需求。教育制度作为社会经济和政治体系的反映，其内容体现了社会的价值观。在不同社会环境下，教育选择文化的标准各异，如中国汉武帝时期推行的“罢黜百家，独尊儒术”，为后世教育进步奠定了基础。因此，教育在选择文化时，应侧重于满足社会需求的元素。

第二，契合教育规律。受教学周期性和学习目标发展阶段的限制，教学中文化的传播范围有限。所以，要将实际、表面的文化经过精心筛选与提炼，转化为学习者易于理解和吸收的形式，才有教学意义。

第三，适用。高等职业教育是定向教育，其培养目标十分明确，就是培养高级应用型人才，而不是“学术型”人才，因此，学生一入学就基本确定了职业方向，与未来的职业岗位有了联系。这就要求学生掌握必需、够用的基础理论知识，必须具备较强的技术应用能力，而不是知识面广博、实践能力相对较弱。这一要求反映在文化选择上，表现为高等职业教育对文化的选择不特别强调系统性和完整性，以适用性为前提。

（四）高等职业教育的文化创造、更新功能

革新不辍，彰显文化的生存活力。只有持续革新，文化的历史底蕴和充沛活力才能得以维系，要确保其生生不息、持续进步和拓展。文化内涵可细分为实体、体系、精神认知三者，共同铸就文化的外在展现、内在特质和深层结构。教育在其中扮演着至关重要的角色，对文化各方面的进步和变革产生了深远影响，尤以对深层结构的影响最为显著。

高等职业教育体系汇聚了文化科技的精英，成为思想文化交流融合的前沿阵地。其具备对文化的批判性审视和推动社会文化进步之才能，于文化塑造与刷新、推动文化转型方面，独具优势。高等职业教育在创新文化方面展现两大特点：

第一，高等职业教育是孕育创新精神的重要摇篮。人类是社会联系的集合，个体行为能够彰显文化痕迹。推动文化创新，关键是培育具备创新精神的人才，而此过程是文化创新的体现。在培育创新型人才时，除需提升其思考能力外，更需通过实践操作深化、利用并强化其创新精神，使其拥有充分施展才华的空间，不断突破传统知识桎梏，塑造全新文化面貌。高等职业教育强调实践与理论相结合的教学方法，设立多元化功能的实习基地，集教学、科研、培训、生产于一体。高等职业教育可以通过科研与生产实践，提升学生的实际创新技能，此新颖策略为创新人才的成长创造了优越环境与机遇，适应了知识经济时代的需求。

第二，高等职业院校的教师是推动文化创新的重要力量。在信息社会飞速进步的今日，高等职业院校要拥有深厚专业理论知识与丰富实践经验的教师，站在高科技理论研究与实际应用的前沿，掌握最新技术进展，不断更新知识体系，并将其融入教育、科研、生产实践之中。他们通过文字记载或实体展示研究成果，对社会政策、经济、文化乃至个体心灵产生深远影响，为塑造新文化氛围与种类贡献智慧和力量。

第四节　高等职业教育的价值取向

一、高等职业教育价值取向的内涵

价值取向，即对于某一事件所秉持的喜好与评判准则，特指在特定情境下，采取特定手段以作出特殊决策的价值观。其内涵主要体现在两个方面：一方面，任何事件往往蕴含多重价值；另一方面，当这些价值产生冲突时，需判定何种价值应占据主导地位。教育的价值观在实际运用中，深受教师个人判断的影响，包括教师对教学方法和过程的选择。这种价值取向和选择，既源自教师对教学本质与功能的深刻理解，也受限于社会历史等外部因素的制约。

高等职业教育的价值取向，就是回答高等职业教育的发展方向问题。它是确定高职教育各层面、各领域自觉变革的指导性前提，是在时代转型与高职教育自身问题的背景下，我国高等职业教育实现自我发展与更新的首要问题，也是我国高等职业教育理论研究的重要问题。它会以潜在和统领的方式影响高等职业教育实践的价值选择和行为倾向。对我高等职业职教育价值取向的研究，可能通过高等职业教育实践而影响到广大的高等职业院校的教师、学生与学校教育管理者。所以，为了精确且具备预见性地理解高等职业教育的定位，并提升其内在品质，对于高等职业教育实践中的功能定位问题进行价值观的探讨是非常关键的。

二、多种价值主体的多元化价值取向

在价值观念的问题上，高等职业教育价值取向主体扮演着至关重要的角色。诸如确立价值准则、设定价值理想等任务，均由价值观念的主体来承担。鉴于不同价值观念的主体拥有各异的利益诉求，其基本目标也呈现出多元化，进而形成了丰富多样的价值观念。具体说来，这些观念体现在如下方面：

（一）社会价值取向：本体性价值与社会性价值的统一

在人类社会的价值体系中，个体的行动始终紧密关联着整个社区的福祉。随着人类对世界的认知与驾驭能力的增强，人际间的纽带与个体间的互动也在不断发展。在深入剖析这种演变的根源时，那些长期被忽视的全球理念与全球利益，相较于自然环境的效应，在关乎人类生存的全面性与可持续性方面，正逐渐显现并受到更多关注。一旦权益诉求得到表达，便自然形成对社会价值的引导。而高等职业教育在引领社会价值方面的根本目标及全面价值的衡量，主要依赖于实质性价值与社会性价值的交融。

新时期的高职教育兴起于20世纪80年代初期。十一届三中全会以后，一些社会经济快速发展的城市，为了培养本地区经济发展所需的高级应用型专业技术人才，率先开设了职业大学，并设立了相应的高等职业教育专业。1985年5月27日《中共中央关于教育体制改革的决定》指出："要建立从初等到高等的职业教育体系"[①]，使高等职业教育的发展有了政策上的保证，提高了社会创办高职教育的积极性。近年来，科技的迅猛发展催生了众多与先进技术紧密相关的岗位群，这些岗位群对具备实际操作能力的高级技术人员的需求日益迫切。然而，当前职业教育、中等教育及技工学校的毕业生在知识和技能方面尚显不足，因此，从现实角度出发，积极培育更多高级职业技能人才显得尤为必要。特别是中国加入世界贸易组织以来，工作方式的快速变革使得科技逐渐取代人力资源成为主导，社会经济的不断进步对工作人员的能力提出了更高的要求。这一新环境不仅推动了职业教育的进步，也促进了高等职业教育的普及。

显然，社会经济的蓬勃发展是高等职业教育产生与壮大的重要推动力，同时，地域性经济增长也为其进步提供了主要动力。这种教育旨在支持社会经济的发展，随着经济的进步而不断前行，确保高等职业教育在更高水平上实现其社会经济价值目标。

高等职业教育的社会和经济价值必须建立在"培养人才"这一核心价值之上。如果忽视了这一点，则将导致选择主体与被选择对象的边界模糊，失去作为人类文化生活价值的超越性，使高等职业教育的价值导向无法实现，其外部价值也将失去依托。我们应通过培养满足现代社会主义市场经济需求的各类高级应用型职业技能人才，间接体现高等职业教育的内在价值。这并非将其视为商品制造工厂，也不能将人视为丧失个人主观性的职业特质工具进行改造。

① 周济，苏振富，杨际平．老教授论坛系列论丛8[M]．厦门：厦门大学出版社，2010.

“培养人才”是高等职业学校的核心理念，其含义和实质源于社会。社会职位的多样化确保了高等职业学校的整体性。尽管历史阶段不同，高等职业学校的价值观念可能倾向于一种或几种外部价值，但这并不意味着对其他价值的排斥。价值选择的过程实际上是对传统主流价值的转变和新兴主流价值的重塑，而非简单的价值转移。

只有坚持整合高等职业教育的核心内容和社会的外部价值，使高职学生的工作需求与社会期望相融合，才能更精准地设定并实现高等职业教育的价值目标。

（二）国家价值取向：经济性价值与政治性价值的统一

作为国家价值体系中的一环，国家价值观念会深刻影响国民的价值观。在高等职业教育领域，国家的价值观不仅直接塑造研究者的行为模式，还能够催生规范、科学的研究行为。国家对于高等职业教育的要求至少涵盖两个层面：一是社会经济价值，即强调职业培训与社会实际效益的结合。二是政治价值，即致力于培养优秀公民，服务于国家的政治目标。

事实上，高等职业教育的价值观念与国家的当前工作重点及未来发展规划紧密相连。国家的社会主义核心价值观着眼于社会全局、历史深度与实用主义，尤其重视提升人才的生产力与政治意识，致力于培养兼具经济能力与政治觉悟的“经济人”与“政治人”。在教育价值观上，国家价值取向具备全局视野和长远规划，追求教育的实用价值，强调教育行为在经济、政治和科技领域的价值实现。

在教育结构中，高等职业教育作为与经济增长和科技发展最为紧密、直接的教育形式之一，其所承载的国家价值观或价值导向无疑体现了经济价值与政治价值的和谐、统一。

（三）企业价值取向：零距离就业与可持续发展的统一

在市场经济体制下，市场调控已然成为资源分配的主导方式，所有企业均置身于激烈的市场竞争中，以追求最大的经济收益为核心目标。

为了达成经济效益最大化，企业致力于降低运营成本，因此，高等职业教育机构培养出的具备高级技术应用能力的人才，其直接就业能力能够显著减少企业的人力资源培训支出，成为一种高效、实用的解决方案。企业期望员工拥有坚实的专业知识和实际操作技能，能够迅速融入并胜任工作，从基层做起，缩短岗位适应期。高等职业教育机构期望迅速培养出对企业有价值的专业人才，以满足市场的迫切需求。

此外，为保持员工队伍的稳定性并控制成本，企业要求高等职业教育的学生展现卓越的职业道德和敬业精神，具备积极求知、勇于探索、勤奋创新的精神风貌。企业期待高等职业教育能够培育出具备高综合素质、强大适应力，拥有深厚文化和科学知识基础，具备巨大发展潜力的人才。

如果高等职业教育机构未能将就业作为教育导向，那么其培养的学生将难以满足企业“零距离就业”的期望，从而在就业市场中遭遇挫败。然而，如果机构仅关注就业，在设立专业和课程时，忽视了学生全面发展的教育，那么，学生在步入社会后虽能迅速掌握技能，但因人文素养的缺失，其可持续发展能力将受到制约，最终在激烈的竞争中将处于劣势，甚至面临失业的风险。显然，“零距离”的理想状态难以实现，真正需要的是高等职业教育毕业生能够迅速适应新的工作环境，展现出全面的素质和能力。

（四）个体价值取向：全面素质教育与专业能力培养的统一

个人价值观融合了全面成长和实务操作的双重理念。在高等职业教育领域，这种价值观显著体现在全面素质教育与专业技能训练的紧密结合上。实务操作的价值观在高等职业教育中的影响力尤为显著。

随着西方发达国家工业化的快速推进，面对人类知识总量的迅猛增长和知识更新周期的日益缩短，高等职业教育开始将经济实用性作为人才培养的首要目标。这种观念强调提升学生的专业技能为核心，以满足职场或工作需求为导向，凸显了专业技能对于高职毕业生的重要性。在特定战略指导下，它旨在有目标、有针对性地运用专业知识与技能解决专门问题，如工作模式、劳动设备的认知与使用等，而非单纯与大学课程内容相关联。高等职业教育的目标是凸显工作的独特性，注重技术训练，同时致力于专业技能的提升。在理论学习上，坚持“必要”和“充足”的原则。因此，高等职业教育应以专业技能培养为主线，致力于培养具备基础文化知识、卓越专业知识、出色实践能力和精湛职业技能的专业技术人才。

然而，随着21世纪的到来，科技进步的轨迹已经发生了深刻的变化。如今，我们不仅仅停留在知识集中和数量增长的分化阶段，而是迈入了以交叉、渗透和综合为特征的科技全球化和经济一体化时代。在这样的时代背景下，新型职场人士面临着前所未有的挑战与机遇。为了应对这些挑战，新型职场人士不仅需要掌握扎实的专业知识与技能，还需具备一系列非技术性的核心素养。这些素养包括但不限于情绪管理、工作特点的理解、工作个性的塑造、团队协作能力的提升以及创新思维与行为模式的培养。这些能力共同构成了现代职场人士的综合素质，是现代职场人士在职场中立于不败之地的关键。高等职业教育不能仅仅关注学生的技能培养，而忽视其人格成长、情感发展和社会适应能力的提升。因此，21 世纪的高等职业教育必须进行一次深刻的改革。这场改革的核心是将全面素质教育与专业技能培养相融合。高等职业教育既要重视提高学生的专业水平，使其具备扎实的职业技能；更要将全面素质教育置于核心地位，以人格教育为引领，全方位关心学员的成长。这包括培养学员的批判性思维、创新精神、团队协作能力、跨文化交流能力等，以帮助他们更好地适应未来职场的需求。通过这样的改革，高等职业教育可以为学员的持久性学习和整体性发展奠定坚实基础，使其不仅具备扎实的专业技能，还具备丰富的人文素养和强大的心理素质，能够在未来的职场中应对各种挑战，实现个人价值和社会价值的双重提升。

三、价值取向主体的多元化对高等职业教育的影响

由于各自秉持的价值理念各异，社会、国家、企业和个体在高等职业教育上呈现出多元化的理想和追求，这些追求深刻反映了各方的利益诉求。由于各方利益诉求和基本目标的不同，不同的价值观倡导者在高等职业教育的价值取向上难免产生冲突。这种价值观的多样性碰撞必然催生高等职业教育的改革，从而成为推动高等职业教育前行和适应性转变的核心力量。高等职业教育价值观的多元化及其冲突效果，实则由各方利益的力量对比所决定。这种力量对比不仅主导了高等职业教育改革的主要路径和执行策略，更在改革过程中发挥了隐形的引导作用。各方利益的矛盾并非仅限于某一结果，其在高等职业教育领域的竞争也绝不会止步于当前状态。各方渴望提升高职教育的地位，全面把握高职教育的机遇和成果。基于各自的利益考量，各方提出了对高职教育改革的需求。在这些改革需求的推动下，高职教育始终在不同程度上进行着改革和发展，无论是显著的、微小的、整体的，还是局部的。因此，从某种角度看，多元化的价值观正是推动高等职业教育改革的重要动力源泉。

第二章　各国高等职业教育发展模式

本章为各国高等职业教育发展模式，论述了美国高等职业教育发展模式、德国高等职业教育发展模式、澳大利亚高等职业教育发展模式三个方面的内容，让读者对外国高等职业教育的发展模式有初步了解。

第一节　美国高等职业教育发展模式

美国高等职业教育发展模式体现出了以下三个特点，形成了多功能一体化发展模式：

一、一体化的教育体制

美国的高等职业教育并未建立起连续不断的发展脉络，大部分只是处于短期的高等教育阶段，而社区学院则为公众提供了丰富、多元的高等教育机遇。社区学院通过转学协议和课程衔接实现了顺利通往学士甚至更高层次教育的道路。伯顿·克拉克的观点是，每个州的标准三分制大学体系都存在一个根本的横向分类：第一年，社区学院和基础年级架构紧密连接；第二年，州立学院（主要指综合性大学）和之前的内容重合，进一步扩展到第三年至第四年，以达到学士或者硕士学位的水平；私立大学（主要指研究型大学）在前者基础上再向上延伸几年，达到博士学位或博士后训练层次。这三个教育层次相互衔接，各有分工：私立大学注重欧洲的学术研究，并逐渐转变为专注于培养医生、律师等传统职业及社会领袖的、收取高额学费的优秀大学；而在“赠地运动”中获得繁荣发展的州立大学，其主要任务是提供实用的教育，并致力于成为大众化、开放式的高等教育机构；

社区学院则实行开放的注册入学制度，不需要经过激烈竞争和严格筛选，面向社区的所有居民开放，毕业于社区学院的学生有机会升入四年制大学，接受更高级别的课程学习，并获得本科或更高级别的教育。美国的高等教育体系根据教育的不同层次，构建了一个从基础教育、中等教育到社区学院、本科再到专业学术教育的连贯体系（图 2-1-1）。

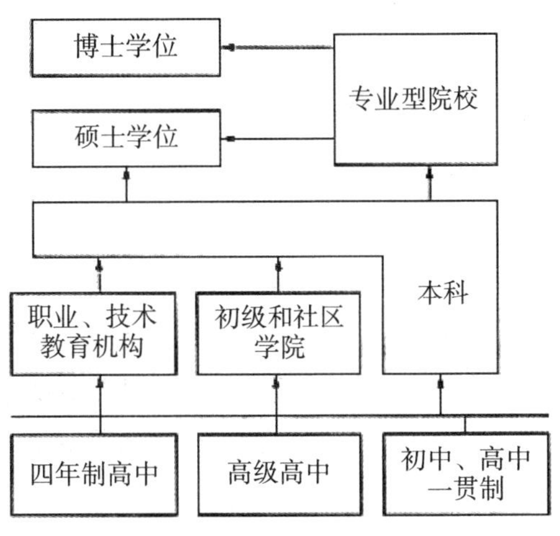

图 2-1-1　美国教育体系结构

二、多功能综合化教育

经过一个世纪的成长和发展，美国社区学院已经孕育出了鲜明的特色，其核心便是多元化的综合性。该类学院汇聚了转学、补习、职业技术培训、持久学习和终身学习等多种中学后教育形式，达到了传统大学难以企及的目标，从而引领了美国大学教育的深刻变革。社区学院的设立旨在满足各类学生的需求，无论学生是希望继续深造、寻求就业机会，还是全职工作或成年人的学习需求在社区学院均有机会得到满足。美国社区学院提供的不仅仅是学术教育，更涵盖了高等职业教育和社区教育的广泛领域，将学科、工作、科技教育融为一体。

美国社区学院的多元化功能得益于其转学课程、职业课程、补习课程和社区课程等多样化的课程设置。这种独特性源于其独特的课程结构。在 21 世纪的交汇点上，随着科技和生产方式的变革，美国社区学院的课程职责也在不断调整。

同时，通过加强大学研究职责与非大学组织专业职责之间的联系，最大限度地提升了课程学习的转换性和连贯性。面对激烈的高等教育竞争环境，美国社区学院不得不寻找多元化的课程以维持其生存和发展。这种课程多样性使得高等职业教育、学术教育与社区教育在社区学院中相互交融，而非相互割裂，从而搭建起一座教育的桥梁。

社区学院灵活的转学和课程选择机制，为不同学习能力、动机和兴趣的学生提供了相宜的教育环境。社区学院更加注重为各种类型的学生提供个性化的教育，而非消除差异。灵活的转学和课程选择制度满足了社会的多方面需求，具有“机会学院”的特征。社区学院的转学课程不仅包括社区学院向四年制本科大学的转学，还包括在学院内部不同类型课程之间的灵活选择，学生可以在修读一定课程后重估自己的能力，再确定自己是否需要继续选择就业类课程或者转学类课程。通常来说，美国的两年制学院相较于四年制学校，不仅费用更为经济，数量也更为众多，且学生入学门槛相对较低，更为便捷。这些学院吸引着那些在传统观念中不适合接受四年制高等教育的学生。社区学院秉持着开放的招生原则，只要学生年满十七岁，即可申请入学。社区学院为各类人群提供了接受中等后续教育的机会，包括但不限于经济条件有限的青年、高中学业表现不佳者、在职成年人、新移民和老年人等。然而，对于这些人群而言，除了社区学院，他们获得中等后续教育的途径往往非常有限，甚至根本无法实现。对于那些希望提升职业技能、需要转变职业方向并接受再培训的工人、寻求基础成人教育和计算机读写技能的人群，以及渴望学习非学位课程相关的专业技术或能力的学生，社区学院都提供了丰富的课程选择，满足了他们的学习需求。

三、学术与职业的融合

大学存在两个目标的冲突，一个是对真理的追求，另一个也是大学所公认的，就是为人们毕生的事业做准备。这并非学习与探索的矛盾，而是两种教学模式的对立。这种对立常见地出现在传统的大学教育和专门的职业技能培训中。自 1917 年美国《史密斯·休斯法案》(*Smith-Hughes Act*)提出鼓励公立学校建立单独的高等职业教育项目以来，在整个 20 世纪，美国综合高中课程体系中一直保留了两个独立的教育标准，这两个标准将高等职业教育与学术教育脱离开来，加深了职业与学术的对立。20 世纪以来，关于职业技术教育与传统学术教育的平衡性问题引发了激烈的辩论。将实践元素融入教育中，是一种最优的途径，人们必须认识到“通过职业来教育”，而不是“为了职业而教育”。所以，美国和全球的教育改革应该将职业和学术教育相结合。高等职业教育应该致力于为学生提供对所有职业都具备实际价值的教育，而非只是传授他们实用的职业技能。

社区学院通过五种具体的课程融合模式开展了课程改革：

第一，应用学术课程：包括适应学生职业兴趣的学术课程和为转学设计的应用学术课程，其目的是为适应特定行业而增加学术课程的应用性，在常规学术课程中加入职业项目的应用元素。

第二，连接课程和多学科课程：从学科的角度融合课程，着力从不同学科视角开展应用性课程的学习，如果应用学术课程强调“职业所需的相关学术能力”，连接课程和多学科课程则强调“从人文学科的角度”理解职业文化。

第三，由学生和教师构建的学习团队，负责分享并参加各种学习活动。

第四，网络整合课程，这是一种以远程教育和信息科技为支持，旨在推动学术研究与工作实践相结合的一种课程架构。

第五，以职业为中心的综合性教育，借助于进行与职业有关的操作或者学习，使得学术探索和多样化的职场环境能够紧密结合。

第二节　德国高等职业教育发展模式

德国的高等职业教育已经演变为一种标志性的双轨、多元化的模式。也就是说，它是一条高等职业教育和高等学术教育同步进步的道路。在这种模式下，高等职业人才的培训主要依赖于学校和企业的双重主导。19 世纪初，德国著名的教育家洪堡，用新人文主义理念，全面改革了普鲁士教育体制，形成了以大学为主的学术性教育系统和以提高普通劳动者素质为主要任务的职业技术培训教育系统，两者互为补充、相得益彰，形成了犹如两条腿走路的双轨制教育体系，在教育领域迈出了坚实的步伐。与美国的单轨制有所不同，德国的职业教育体系在横向上与普通教育体系并行，而在纵向上则涵盖了初等、中等和高等职业教育的层次。这种模式成功地开辟了一条成功之路，并且已经成为许多国家模仿的对象。这种模式具有以下几个特点：

一、高等职业教育与高等学术教育体系双轨互通

德国高等职业教育体系层次完善，上下衔接，且与综合大学等学术型教育机构形成双轨并行的结构，这种大学教育和非大学教育的双轨相互补充、相互竞争。

这种双轨制的形成有着历史根源。第二次世界大战后，德国面临着工业发展和经济重建，日益复杂的社会分工和持续增长的学生人数使专注于科学研究的传统高等教育系统不堪重负。因此，德国除了传统的大学体制，还设立了一批主要致力于职业技能培养的高级教育单位，如高级专科学校和职业学院，用来弥补大学的不足。这些单位有能力给予学生多样化的学士或者副学士级别（也就是授予学位）的职业技术课程。此外，在许多古老的大学中，以职业为导向的课程屡见不鲜，这种做法既满足了人们对于高级教育的持续提升的期待，又能够培育并锻炼出符合社会经济进步要求的初级、中级和高级技能人才。这一进程同样出现在欧洲其他国家。从 20 世纪 60 年代开始，各种非大学教育在欧洲的多个国家形成并发展起来。到了 20 世纪 80 年代，“双轨制”已在德国基本成型。

德国职业教育体系从层次上可分成中等职业教育和高等职业教育，高等职业教育体系明显地区别于普通教育体系。经过多次调整和改革，德国高等职业教育与普通教育之间沟通衔接的“立交桥”比以前更为畅通。

德国高职教育通过学术通货——学分来解决双轨互通的问题。参与双元制职业教育能够让人们获取进入大学的资格，并启动相应的学术课程。在一些课程中，甚至可以把高等职业教育的一些学分视为高级学院的学分。双元制职业教育被认为是进入大学的平等学历途径，因此，德国的双元制职业教育对于初级中学毕业生和他们的父母都极具吸引力。工业界对此类学生赞誉声颇高，因为他们是大学毕业生，并且受过双重职业教育，所以，他们的就业竞争力更强。图 2-2-1 为德国教育体系结构图：

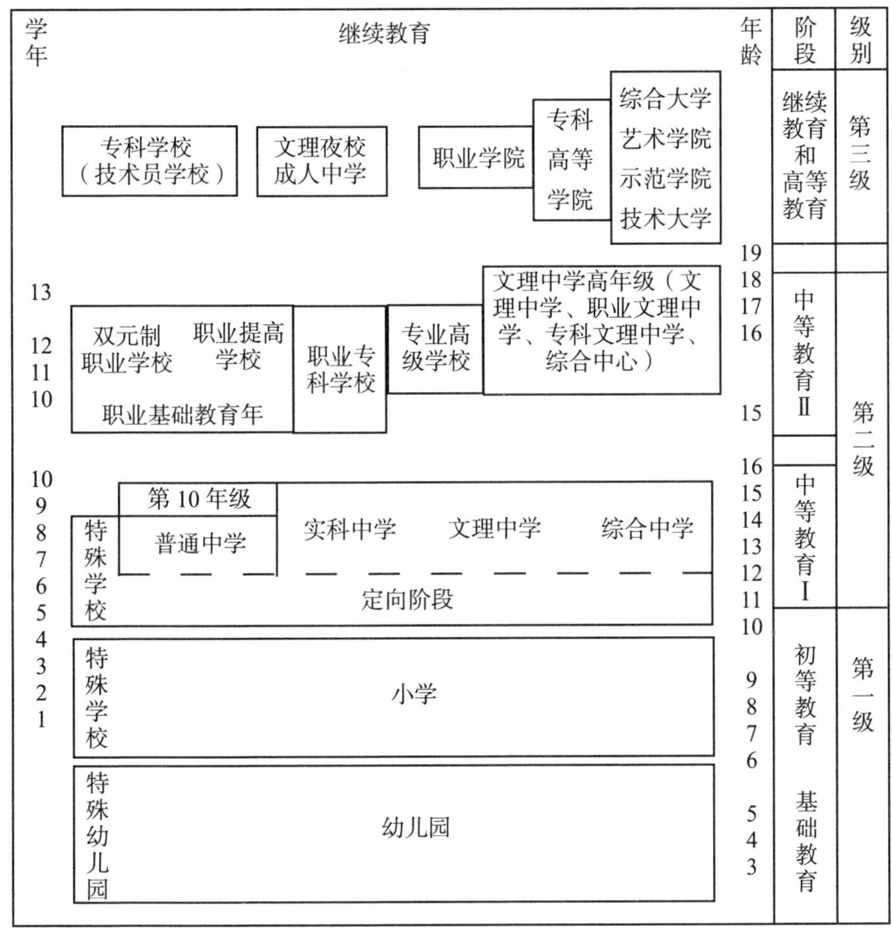

图 2-2-1　德国教育体系结构

二、学校、企业合作的双元制教育

全球知名的德国“双元制”教育模式是将传统的“学徒”训练方法与现代高等职业教育理念相融合，将企业和学校、理论知识和实践技能紧密结合，旨在培养高质量的职业人才的高等职业教育体系。它是德国高等职业教育的主要形式。全德国“双元制”职业学校在校生占第二阶段Ⅱ级（相当于中国的高中阶段）各种职业类学校在校生总数的 70%。“双元制”职业教育在德国教育体系中属于中等教育的范畴。“双元制”这种教育模式和学习模式广泛应用于德国各层次职业教育中。新兴的职业学院其实就是“双元制”模式在高等教育领域的延伸。

企业与学校携手共建高等职业学院，并推行以技能训练为主导的“双元制”教育模式。与“双元制”技工教育模式相契合，高等职业学院设有两个学习场所，即学院和企业实践基地。学生在入学时即与企业签订实训协议，在学院学习基础理论，在企业实践基地进行高等职业技能的实操训练，每三个月轮换一次，确保理论和实践的均衡融合。

此类职业教育机构致力于培养具备丰富实战经验的高端专业人才及中高级管理精英，教育周期长达三年。其教育目标是紧密贴合学员未来的职业需求，使毕业生与消费者之间建立更紧密的联系，旨在塑造大规模和中等规模企业的核心技术骨干，同时孕育小规模企业的领导者和核心技术人才。若学生的学术研究达到一定水平，便可继续深造。部分专科学院与大型综合性大学合作，共同培养具备博士学位的学术精英。

德国高等职业教育的特色是学院与企业的紧密合作。这种合作模式在多个领域均体现出“双元”属性：法律基础由联邦与各州法律共同构成，财政支持来自企业与政府双方，学习场所涵盖企业与职业学校，教学文档结合职业培训规定和教学大纲，教学内容融合职业技术培养和专业知识传授，教材既有实践性也有理论性，教师团队包括实践导师和企业学徒导师，学生身份兼具学徒和学生双重角色，学生最终获得的证书包括培训和考试证书及毕业证书等。

德国的高等职业教育担负着满足各行业不同需要的任务，通过教学和训练提高工人的劳动效率。德国的所有技术工作都需要接受职业教育。德国联邦教育部门为这些工作设立了统一的基础课程，并为每一个工作类型设定了工作领域和训练标准。各州的文教部门也制定了各种职业的教育方案。企业、训练中心和职业学校根据这些规定组织具体实施行为。

三、全民高等职业教育

德国教育在行政管理方面是典型的联邦制，根据《德意志联邦共和国基本法》，各州拥有包括教育在内的文化主权。在高等职业教育的运营中，德国联邦政府扮演着重要角色。其主要职责在于把握发展趋势，预测劳动力市场动向，同时制定职业培训规章，编制理论教学大纲，并对教师资质进行评估。公共职业学院或专科学校的运营由州政府主导并负责管理，私营部分多交由企业和行业联盟承担。这样的分工使得各州在学习时间、专业设置、课程设计、实践教学布局和管理等方面拥有一定的自主权，呈现出多元化的特色。德国向来十分重视高等职业教育，有关高等职业教育多有相应法令加以规范化。此外，德国从 20 世纪 50 年代以来颁布了多项有关高等职业教育的法令，同时各州也制定了不少具体的法规条文。这些法规有力地保证了高等职业教育的实施和发展。20 世纪 90 年代中期，在德国的全部从业人员中，大多数都受过系统的高等职业教育。德国受职业教育者的比重如此之高，可以说是德国高等职业教育法规起的保证作用。

四、企业的广泛参与

德国高等职业教育体系是一个几乎完全依赖于企业自愿提供培训的体系，没有企业的参与，就没有德国发达的高等职业教育系统。在“双元制”职业教育模式下，企业发挥着至关重要的作用。企业不仅承担着提供实际操作训练的主要职责，还深度参与学员的职业教育全过程。在这一过程中，企业融入自身的文化元素，与学员签署《职业教育协议》，确保双方权益和职责明确。此外，企业还负责规划学员的课程设置，确保课程内容与实际工作需求紧密结合；指派经验丰富的老师进行指导，使学员能在实践中迅速成长。除了日常的教学活动，企业还负责组织各类教学活动，如撰写学员的学习总结，安排期末考试和毕业考试等。这些举措不仅有助于评估学员的学习成果，还为他们未来的职业发展提供了有力支持。在德国，已有三分之二的企业获得了从事高等职业教育的资质，成功转型为专门的培训机构，并积极参与多样化的职业教育。这些企业不仅丰富了职业教育的内涵和形式，还为学员提供了更多的实践机会和职业发展路径。德国高等职业教育的财务支出是一个多元化的合作体系，包括经济领域、培训机构、政府和公众个体等多个方面。然而，在这其中，企业仍然是财务支持的最重要力量。它们通过投入资金、提供设备场地、参与教学管理等方式，为高等职业教育的健康发展提供了有力保障。可以说，“双元制”职业教育模式在德国的成功实践，不仅为学员提供了优质的教育资源和职业发展机会，也为企业的人才培养和可持续发展注入了新的活力。这一模式值得其他国家和地区在职业教育领域进行借鉴和学习。

德国“双元制”职业教育有赖于国家、私人、企业和学校等多方的通力合作，在双元制职业教育的制度中，政府与行业协会所起的作用如下：首先，联邦政府的作用。德国法律规定，学校形式的高等职业教育由各州负责，而校外形式的高等职业教育，如企业内培训及跨企业职业培训，则依据德国《职业教育促进法》由联邦政府负责管理。其次，行业协会的作用。行业协会对职业培训起到多方面的作用，如对培训企业的资格审定与监管、对培训质量与培训时间的管理、与相关部门的协调等。

第三节　澳大利亚高等职业教育发展模式

澳大利亚高等职业教育发展模式被认为是世界上最先进的、最具代表性的高等职业教育成功模式之一，主要包含了以下几个组成部分：以统一的国家资格框架体系为各类别和各层次教育衔接的纽带，以培训包为基本内容，以严格完善澳大利亚质量培训框架、灵活多样的 TAFE（Technical And Further Education）学院为主要教育注册培训机构，以能力本位的教学和能力评价体系为教学模式，组成了一个多层次开放性的教育体系。这一体系是在政府主导下，在行业和市场充分参与的市场化模式下运行的。由此，澳大利亚高等职业教育发展模式可以高度概括为国家资格框架下的市场化发展模式。这一模式具备如下特征：

一、基于国家资格认证框架（AQF）的混合体系

国家职业资格框架是澳大利亚高等职业教育发展模式的一个重要组成部分。澳大利亚逐步建立并采用全国统一的资格认证框架（Australian Qualifications Framework，AQF），取代了以前由各州和各区颁布的林林总总的证书形式。澳大利亚能力标准体系（Australian National Skills Framework，ASF）是基于每个工业部门的能力标准而设计的，由职业资格框架委员会联合相关行业、雇主以及学校等共同构建。澳大利亚 b 标准体系的建立具有重大意义，表现在以下两个方面：一是详细规定各级资格证书应达到的能力标准要求，确保全国范围内资格证书具

有统一的质量；二是通过职业资格证书使高中、职业与培训领域、普通高等教育三个教育层次或类型间实现良好的衔接和沟通，既为它们之间的资历确认、学分转换和学生在不同教育系统之间的转学或继续深造提供了权威性的保障条件，又确立了高等职业教育在整个学制系统中的独立地位。

澳大利亚的资格制度主要集中在大学、高等职业教育和培训以及学校三个教育体系的整合。把多种证书整合到一个资格制度中，这对于国家对各种教育和培训的整体策划和质量控制非常有利。这个体系包含了两种教育阶段，即高中教育、高等职业教育和培训，以及高等教育，构建了一个涵盖这两种教育阶段的多元化教育体系，并且在高等职业教育和普通教育两种不同的教育模式之间建立了一个能够实现教育和谐、平等的交流、认可的机制。虽然有了国家资格认证标准，但在地广人稀的澳大利亚，如何既保证职教课程开发的多样性和区域性，又保证职教课程的基本质量和标准，是澳大利亚教育和培训面临的问题。澳大利亚高等职业教育的培训包制度提供了 TAFE 学院开展高等职业教育和培训的依据，有效解决了上述问题。职业技术人才培训包（training package）是由行业主导依据职业资格框架（AQF）所提供的行业职业能力标准进行开发的，遵循了“行业提出要求——高等职业教育机构满足要求”的逻辑，使高等职业院校明确了社会需要和办学方向，减少了高等职业教育的盲目性。

二、学历教育与职业培训融为一体

澳大利亚的高等职业教育发展模式把学历型职业教育和职业资格培训（岗位培训）结合了起来。TAFE 学院的教育类型是多元化的，既有为年轻人加入劳动力大军做准备的就业准备教育，也有为在职人员或成年人转岗、晋升或再就业而准备的职业继续教育，是一种融教育与培训为一体的混合制的高等职业教育类型，也是追求终身学习价值的高等职业教育。在澳大利亚资格框架的指导下，通过文凭等值使不同教育与培训之间彼此衔接和融通，如图 2-3-1 所示。所有的在校中学生、大学生，包括在职员工、社区闲置人员、调动员工等，都能够根据他们的学术和相关的工作经验，参照资格体系中的各种证书和学位课程，选择适合他们的学习起始点或者继续学习。

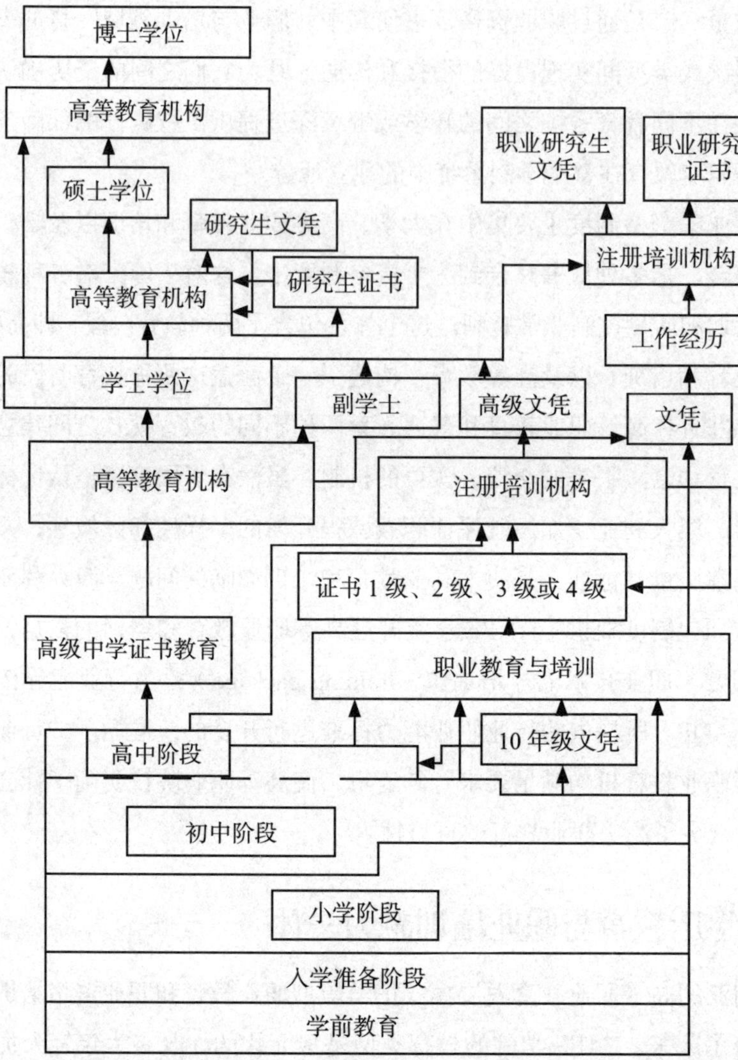

博士学位
高等教育机构
硕士学位
研究生文凭
研究生证书
高等教育机构
职业研究生文凭
职业研究生证书
注册培训机构
工作经历
学士学位
副学士
高级文凭
文凭
高等教育机构
注册培训机构
证书 1 级、2 级、3 级或 4 级
高级中学证书教育
职业教育与培训
高中阶段
10 年级文凭
初中阶段
小学阶段
入学准备阶段
学前教育

图 2-3-1 澳大利亚教育体系示意图

三、政府调控下的市场化运作

TAFE 学院在澳大利亚独占鳌头，其经济支持结构独具特色，即由财政拨款、联邦政府资助、学费收入构成。只要得到国家培训局的认可，无论政府、企业还是私营部门，都有机会通过激烈的竞争获得联邦政府与州政府的教育补贴。政府在资助学校方面，首先会根据职业教育的框架和计划设定目标和标准，然后作为

“购买者”角色，对教育和培训这一“特殊商品”进行投资，为培训机构提供必要的资源。当一所学校的教育和培养既符合财务和社会的期待，又展现出卓越的品质（如学生基础扎实、毕业生高证书率）且成本效益高（如人均费用较低）时，政府便会倾向于选择购买其教育与培养服务，并决定给予资金支持。

TAFE 学院每位学生的实际授课时间由政府定期拨款保障，每月的资金分配均用于跟踪和评估培训对象的表现。这一举措直接影响培训对象在下一年是否能获得培训项目的投资，进而推动培训市场按照市场规律进行更为有序的竞争。这种市场操作模式和资金分配策略已逐渐转化为政府推动职业教育的主导力量，确保职业教育机构能够紧密贴合本地经济和社会发展的需求。

澳大利亚高等职业教育的市场化发展模式，使澳大利亚高等职业教育获得持续发展的动力和在国际市场的竞争力。TAFE 学院把海外留学生教育当作产业来经营，并对海外学员全额收费和高成本收费，在国际教育市场上抢占份额。

第三章　高等职业教育的信息化发展

本章为高等职业教育的信息化发展，讲述了高等职业教育教学信息化建设、高等职业教育管理信息化建设、高等职业教育信息化资源建设三个方面的内容。

第一节　高等职业教育教学信息化建设

在 21 世纪的今天，信息科技已跃升为社会的核心引擎，而教育的革新铸就了这一历史性突破的里程碑。近年来，随着高等职业教育的蓬勃发展，我国孕育出大批优秀技术专家，他们深谙生产、建设、管理和服务第一线的需求，对现代教育产生了深远影响，并在推进我国社会主义现代化进程中发挥着不可替代的作用。随着中国经济的蓬勃发展，对高端科技人才的需求日益增长。尽管高等职业教育的数字化建设拥有巨大的发展潜力，但同时也面临着严峻的挑战。作为信息科学教育的中流砥柱，高等职业学府亦肩负着社区教育的重任，不可或缺。

一、高等职业教育教学信息化建设的意义

职业教育在高等职业院校的核心使命在于将学生塑造为满足“生产、建设、服务和管理”领域需求的高级技术专才，使他们具备组织、管理和生产的先进技术能力，并精通操控、调整和保养先进科技设备，以攻克生产过程中的高级技术实践难题。高职教育的精髓是强调“能力”的核心地位，而高等职业教育的基石则是激发学生的创新思维和精神。

因此，信息化已成为信息时代高等职业院校发展的必由之路，信息技术教学则是教学资源运用的重要手段。通过教育，我们可以有效实现信息资源的实时共享与科学管理，进而全面提升教育质量。教育资源的数字化构建无疑是衡量信息技术进步的关键指标之一。

构建教育信息化对于提升教育管理者的能力至关重要。在教育过程中，管理者可借助网络平台进行高效、便捷、灵活且动态的对话和交流。教育工作者必须掌握现代的教育管理技巧，提升综合素质，以更好地服务于教育事业。从这个角度看，数字化教学资源的构建显得尤为紧迫。全面实现教学资源的数字化，将对学院乃至整个专业的课程教学产生深远影响，因此，高等职业院校的教育教学数字化建设显得尤为关键。

二、高等职业教育教学信息化建设改革的策略和方针

教育信息化是以现代信息科技为引擎，推动教育的创新和发展。所有高等职业院校的领导者应转变视角，深入钻研并掌握网络信息科技，将其融入教育实践，加强教育信息化的建设，这是实现教育现代化的必由之路。

为提升信息科技在教育管理中的应用水平，并促进团队协作精神的培育，对关键领导者和核心教师应实施严格的监管，确保人才稳定。教师在教育资源管理中占据核心地位，高等职业院校应重视“双师型”教师团队的构建，并通过强化专职兼职教师队伍建设，以适应人才培养模式的变革。教师应树立现代教育观念，不断提升个人能力，在教学中积极采用最新科技制作教案；而教学管理者则需熟练掌握信息科技，将其全面融入教学管理流程。此举不仅可以节省时间和资源，还能提升教育管理的效率和品质，为学校的科学化、标准化、信息化和技术化发展奠定坚实基础。只有对信息化教育资源管理进行更为严谨、科学的规划，才能更有效地支撑信息技术教育的发展。此外，在高等职业教育的培养过程中，我们还应特别注重学生现代学习理念的强化和培育。现代社会的快速变革要求学生不仅要掌握扎实的专业知识，更要具备独立学习、自主利用现代网络信息平台获取知识的能力。教师需要积极引导学生养成独立学习的习惯，鼓励他们主动探索、积极实践，不断提升自己的综合素质。同时，教师还应帮助学生树立终身学习的观念。在知识爆炸的时代，学习不再是阶段性的任务，而是伴随人一

生的过程。教师需要教导学生掌握有效的学习技巧，学会如何高效地获取、整合和应用知识。此外，学习交流和团队协作能力的培养也至关重要，这不仅有助于提升学生的实践技能和创新技能，还能为他们未来的职场发展打下坚实的基础。为了帮助学生更好地适应现代社会的需求，教师还应鼓励他们充分利用数字化资源。数字化时代的到来为教师提供了海量的学习资源和便捷的学习途径，教师应引导学生将网络学习资源转化为个人知识体系，不断提升自己的信息素养和数字化技能。这样，他们就能在未来的学习和职业生涯中更加游刃有余地应对各种挑战。

三、完善高职院校课堂教学信息化的具体措施

（一）针对高职教育特点，筛选教学信息化资源

第一，高等职业教育旨在孕育技术型人才，学生在毕业踏入社会时，需具备扎实的专业实践技能。学生掌握理论知识固然重要，但更为重要的是能在实际工作中解决生产、服务或管理一线的具体问题。在人才培养上，高等职业院校更为注重学生的实际操作能力和问题解决技巧，而非仅仅对所学专业有所涉猎。这些高职院校培育出的人才，不仅具备丰富的实践经验，还拥有出色的工作组织能力，呈现出多元化的特质。

第二，高等职业教育培养人才的手段丰富多样。教育的核心目标是打造具备实战能力的人才，因此，在教学过程中，教师不仅要传授理论知识，还要积极引导学生参与实习和实践活动。在高职学习的三年时光里，教师需要运用多种教学策略，确保学生能够全面、深入地掌握专业知识。对专业知识最佳的理解方式莫过于让学生亲身投入工作一线，切身体验。当然，不同的课程和教师的教学方法各有千秋。随着信息化教育的逐渐深入，越来越多的现代计算机技术和多媒体技术被引入教学方法中，如备受欢迎的“微课”。在信息化时代背景下，微课以新颖的方式，通过互联网传递知识信息。在当前的高等职业教育中，无论哪个专业，知识点都纷繁复杂，微课能够将这些知识点进行有机组合和整理，使学生可以在任何时间、任何地点解答疑惑，学习方式也由单一变得丰富多彩。微课这一新颖的信息技术资源可以强化学习手段，以网状结构构建知识体系，促进学生自主学

习，并通过培养他们的兴趣来塑造个性化的学习方式。

在推进高职课程信息化建设的过程中，高等职业院校不仅要提供充足的学习资源，更要帮助学生构建资源型学习模式，并熟练运用所学技能，如制作虚拟实验和现场操作视频，以及掌握最新的专业技术。

综上所述，为实现高等职业教育学生的“零距离”就业和信息化教学资源的构建，高等职业院校应紧密结合其独特性，充分发挥在高等职业教育中的引领作用，助力学生顺利走向职场。

（二）优化教学信息化过程使教学课程立体化

如何优化课程内容和流程设计，以确保高等职业院校的信息化教学效果，并根据实际需求合理分配资源？高等职业院校的信息化教学建设应遵循以下几个方面：

第一，通过系统化方法，深刻理解和应用高等职业院校的信息化教学。在制订和执行信息化教学计划时，应运用整体调节手段，确保流程精确、操作规范，从而提升资源总体品质。对于高等职业教育信息技术教育的进步与应用的广泛性、深入性和高级性，应积极探索课堂教育信息化建设与应用过程中的技术选择及其实施方式。

第二，在数字化和网络化教学背景下，高职院校信息化课程数字化教学策略的优化已重塑师生角色。教学内容构建原则影响教学资源的选择。因此，在挑选信息化教学资源和高等职业教育体系内容时，应重视学习过程的反馈；以知识管理理论为指导，全面优化后现代课程观、对话理论和现代教育观念，贯穿资源内容设计的各个环节。

第三，应关注高等职业教育信息化课堂教学中的情感交流。以学生为核心的教育信息应激发学生的积极情绪和情感体验，促进学生持续学习，主动参与。例如，可利用微信等创新媒介，通过微信公众平台提供丰富互动机会，即时交流，激发学生自信，积极探索，同时实现学习过程中的情感互动。在微信平台这一私密环境中，“私下”解决课堂问题，既尊重学生隐私，又有助于师生间有效交流。教师需要科学、合理安排教学内容和设计，引导学生情感，保持积极学习态度，提升教学效率。

（三）实训视频实时交互，增强课堂教学互动性

构建三维网络教学资源在高等职业院校旨在提升教师教学效果和学生学习动力。主题教学视频的应用，对教学实施和学生自主学习均具积极推动作用。将传统实训视频转化为实时交流形式，不仅增强课堂互动，也为校企合作、社会资源共享铺平道路，此策略颇为有效。

第一，实训视频强化了信息化教学的专业性。高等职业教育课程设置按照专业特性分类。在信息化教学中，专业课教师可通过网络捕捉专业知识要点，以视频形式讲解，解答学生疑问，更具针对性和实用性。同时，教师在进行教学资料准备时，能更精准地选择实用视频或图片等。

第二，实训视频教材在三维网络教育中占据重要地位。视频教育直接传递学术知识，对高职学生尤为关键，其专业技巧需与现实环境结合。构建实训视频简洁、高效，能够帮助学生掌握专业技能。对于难以言传的真实体验，实训视频能够有效解决问题，对网络教育效果至关重要。

第三，实训视频构建对打造立体化网络教育资源环境有积极影响。此方法改变了以视频内容为主的传统训练周期构建方式，转向利用聊天软件平台进行实时实训教学。学生可在实训教室携带设备，与视频中的企业工程师或他校教师即时交流，问题即时解决，困难即时讲解，推动高职立体化网络教育资源构建，实现按需优化应用构建目标。

第二节　高等职业教育管理信息化建设

教育改革的各项构想，最终均需通过教师在教学中的实践和完善得以实现。多媒体和网络技术的日新月异及其在教学领域的广泛应用，深刻改变了教师的授课和职业形态，同时也极大地影响了学生的学习方式。如今，借助丰富的教育工具，学习已不再受时空限制，人们可独立或团队协作，自由探索知识的海洋，终身学习和全民学习的理念正逐步深入人心。教育流程的管理方式已由传统的集体

导向转变为个体主导，管理内容和形式也随之发生了显著变化。自 20 世纪 70 年代起，一种被称为“社会系统”或“开放系统”的管理观念对现代教育管理产生了深刻影响。该观念将学校视为社会的重要组成部分，并强调学校的教育管理需与社会核心系统保持紧密互动。开放系统理论注重管理信息的科学性，并重视外部环境对学校发展的平衡作用。在这一理念的指导下，科技工具在教育管理中的应用愈发广泛，计算机辅助教育管理理论也应运而生。

教学过程是师生双向互动的舞台，教师的“教”与学生的“学”均扮演关键角色。下面将重点探讨在教育信息化背景下，教师教学过程的管理，包括备课、教研活动和课堂教学等诸方面的管理研究。

一、备课管理信息化

在教学活动中，备课的重要性不言而喻。通常，备课有个人备课和集体备课两种方式，这两种方式均基于教育大纲或课程规范，由教育团队和教师共同制定教学策略。在备课过程中，教师发挥着主导作用。备课涉及教学目标、重难点分析、教学方法选择、教学过程规划、教学总结与反思等多个环节。自班级教学兴起以来，教师便要亲手编写教案。许多学校将教案审查视为备课的关键环节，规定了每学期审阅次数，确保教案页数和内容一致，甚至以教案长度作为评价依据。

教育信息化为备课与管理提供了全新视角和策略。校园网络备课借助现代信息科技，开发并利用在线教育资源，构建开放、互助、动态的在线备课平台，实现资源共享。网络备课充分利用快速的网络速度、即时信息发布、无时空限制等优势，促进教师教育理念转变，提升教学质量和效果。通过网络备课，教师可有效应对当前信息与课程整合的挑战。在此过程中，教师关注的焦点已从课件制作转向如何利用信息科技优化教学成果。“整合”的实现需依赖教师的智慧和经验，更需借助互联网。充分利用网络资源已成为当前教育备课的核心环节。

（一）教学管理信息化中备课的过程

教师在备课过程中，应依据学科课程标准和课程特性，结合学生实际，选择最佳的表达方式和讲解顺序，确保学生有效学习。备课作为教师授课前的必要环节，对于提升教学效率至关重要。在信息化教学管理环境下，备课的步骤如下：

第一，精心制定教学准备方案，依据教学主题划分为多个备课单元，每个单元指定一至两名教师负责。

第二，广泛搜集资源，围绕本单元教学主题进行，资源范围不限，包括教案、课件和网络优质教学素材等。

第三，对搜集到的资源进行细致分类和整理，形成各个备课小组的资源库，定期或不定期进行更新和整理。

第四，利用这些资源库精心设计教案。

第五，提交教案至校园教案库，供团队成员参考和调整，最终构建一个开放、互动、动态的在线备课平台，实现教案的共享和优化。

第六，在授课后进行深入的教学反思，优化网络教案，定期分享备课经验与心得，提升网络备课的有效性和实用性。在遇到问题时，教师应积极寻求解决方案，并通过学校网站及时反馈问题，促进教学质量的不断提升。

（二）教学管理信息化中备课的方式

在教学管理信息化环境下，备课的策略如下：

第一，交互式备课。这种方法涉及各个学科的教师共同准备相同的教学内容。这种策略可以弥补教师单独备课的缺陷，并最大限度地利用教师团队的经验和智慧。

第二，互动式备课。这种方法让学生在互联网环境中，对教师的备课策略进行评估，从而使得教师能够根据这些反馈来进行适当的改进和优化。这种方法可以防止教学策略与学生的理解程度不匹配，从而让教案的设计更加符合学生的实际需求。

第三，模拟教学。这种方式的教学基于教案设计进行网络模拟授课，并根据实际授课情况进行调整。模拟教学能够解决教学反馈慢的问题，使得教学设计能够及时修改。

在备课阶段，鼓励学生协助教师收集信息，并参与教学活动，以此激发学生的学习热情。在同年级的教师共同备课的基础上，实行主备教师分工负责的备课制度，这样不仅集结了教师的智慧，也丰富了教学内容，优化了教学流程，提升了教学效果，减少教师的独立备课和抄袭教案的低效甚至无效劳动，这可以为他们腾出更多时间来进行自我学习能力的提升和知识更新。

（三）教学管理信息化中备课的管理

互联网备课与传统的备课模式存在明显的差异。现代的备课资源可以通过互联网呈现，教师只需点击鼠标即可复制并打印。应该怎样确保教师的备课工作是认真的呢？首先，教师应该主动加入教研团队的集体备课。其次，当教师收到了以往的全部教案，他们应该根据自身以及学生的具体状态，作出相应的调整。经过修改的教案必须再次上传到学院的教材库，而学院的领导人员必须定期整顿这个新的教材库，以便让所有的教师都能按照预设的时限上传。在上传的教材库里，学生的表现以及上传的日期都被视为衡量教师备课质量的标准。

教案的价值远超过其作为课堂教学的预备工具的价值，它不仅是教师教学思维路径的见证，也是教师了解自我、汇总教学经验的关键文档。如果能够记录下教师在课堂上对原有计划的调整，面临突发状况的应对方式，以及他们通过教学实践所得的感受和领悟，那么就能协助教师梳理和积累经验，构建教育理念。学校定期进行审核，备课内容的管理可以相应放宽一些。教师有权享受一些专业上的自由和自我规划时间的权益。

新技术的出现为教育过程中的各个环节创造了更多的研究领域。教育工作者需要让优秀且实用的新技术尽快地融入学校，应用现代技术来培养未来的人才，而不是依赖过去的技术来培养现在甚至过去的人才。

二、教研活动管理信息化

（一）利用网页进行教研活动

由于学校网站的兴起和广泛应用，许多教研小组已经在学校网站的基础上创建了自己的学科网站，这使得教研活动的管理能够通过网页进行。

在教学流程的管理中，教研活动所依赖的教研工作计划、学期教学工作计划、教学进度表等静态资料，会在学期初，以电子文档的方式提交给学校的教导部门，然后储存在学校的网站上。这样，学校的管理者就能够通过网络查询，实时掌握教学进度，并对真实的教学情况进行比较和审核。网络化的管理方式让原本的文件不再仅仅被储存在文件柜里，反而变成了能够即时获取的实时信息。所有的教学研究活动的通知都能够通过网络广播的方式进行即时发布。

每个星期的教育研究活动的进度和主题都能够通过特定的网页展示给全体学生，使学校的管理层能够随时了解教育研究的主题和参与者的状态。信息一旦发布，网页会根据时间顺序进行记录，并上传到学校的网站。这种方法使得活动的记录更为准确，同时也有助于在学期结束时整理各个教研小组、备课小组的教育研究活动的状态。

教研团队和备课团队的课题研究进度也能够完整地在学校网站或者学科网站上呈现，无论是课题的设立、开题报告、执行过程还是最后的结题报告，所有的成果都能在网络上得到展示，尤其是研究的流程能够实时地呈现，这样就能确保课题研究的真实性。

（二）利用即时通信工具进行教研活动

传统教育研究模式通常在特定时期进行，并由教师亲自实施，主要应用于教育规划制定、集体备课组织等重大任务。在教育实践中，研究任务既涉及具体议题探讨，也涵盖观念交流，甚至包括团队共同学习。因此，对高效、实时的教育研究手段的需求愈发迫切。互联网技术的发展，特别是实时通信技术，为教育研究行业的进步提供了强大动力。

即时通讯工具能够以对话形式开展教育研究，无论是教师间、教师与领导间，还是师生间，均可借此沟通。此类工具具备多人聊天群组功能，使一个或多个学科的教师可以通过 QQ、微信群等网络平台进行教学研究。在共享信息的同时，每个人都可以发表自己的见解。此外，大家还可以共同讨论在教学过程中遇到的问题。教研组长或管理员可在此平台上分享文件或照片，并保存会议记录，以供日后提交给学校管理机构。教师如果缺席在线研讨，则可向同事索取会议记录。

这些教学研究活动既便捷又易于网络记录，学校领导也可加入相关团队全程参与。在学期末，学校教育管理部门可整理各学科团队的讨论内容，总结教学研究活动。随着信息技术的不断进步，教育研究方式发生了深刻变革，对管理也提出了更高要求。目前，管理者需要不断探索新的教育研究管理模式，以适应这一变革趋势。

三、课堂教学管理信息化

课堂教学在教学过程中占据核心地位，成为学校教育的关键环节。课堂教学不仅是学校的基本教学手段，更直接决定了教学品质和学生全面能力的培养，对学校教学结果产生深远影响。近年来，随着教育改革政策的不断调整，学校、教师和学生正在逐步适应变革，利用课堂教学推动这一重大转型既直观又高效。提升课堂教学效率，是确保教学品质、增强学校运营实力的关键。探讨高等职业教育课程教学的优化，对于提升教学水平、培养专业技能人才具有至关重要的作用。

在信息化浪潮下，部分地区的学院已经开始探索互联网教育方法。互联网教育方法的运营涵盖了教育资料、教育策略的管理以及对教育成果的即时追踪。在数字化时代，网络教育强调以学生为主导，通过自我探索、协作交流、利用信息等方式，在特定环境中建构知识。这种方法为学生提供了自主学习、发现学习、团队学习的空间和资源，有助于实现知识自主建构的目标。

教育工作者角色发生转变，从知识传授者变为学习活动的策划者、协调者和引导者。

互联网教育是当今教育创新的需求，拓宽了课堂教学的深度和广度。然而，它并非万能，无法完全替代传统模式。因此，高校要深刻认识其重要性，开发网络平台功能，弥补课堂教学不足，指导学生适应互联网辅助教学。

高校应充分发挥网络互动和资源共享功能，鼓励教研团队定期撰写反思报告，根据师生的实际情况调整教育计划，以更有效地推广网络教育。

第三节　高等职业教育信息化资源建设

对于高职教育信息化发展而言，实现教育资源多方共建、自由流通和共享是关键的一步。近些年，国家反复强调通过教育资源的共享来减少国家在教育中多余的投入，减少重复性建设，正是要通过信息技术创新应用，促进高职教育信息化公共服务，进而改革和发展高等职业教育。

一、高等职业教育信息化资源建设现状

高等教育信息化资源可以理解为：利用计算机科技、通信科技和网络科技等工具，通过数字化手段呈现高等职业教育的主题，并且涵盖了教学辅助扩充的课程资料、学习材料、信息化工具以及作为技术平台的服务平台的全部。依照用户的需求，资源的构建是一个系统性的策划、设计流程，涵盖了开发、挑选和搜集资源，最后构建出资源体系。构建的核心不只是建设，而是需要各方的积极参与，这样才能真实地展示“共享”的意义。资源的构建不仅仅是一种活动，还是一种行动，其目的在于达到“资源共享”，即提供资源服务。现在，我国高等职业教育的信息化资源的构建情况如下：

（一）资源数量

20 世纪 90 年代，教育信息化的概念被提出。基于高职教育的自身特点，从教育信息化的概念中引申出了高职教育信息化这一说法。资源的起源大体上在 20 世纪 90 年代，开始于计算机辅助教学（computer aided instruction，简称 CAI）资源的构建，主要是简单的纸质教材或教辅材料的电子化。

20 世纪 90 年代末，随着“库”的概念崭露头角，结构化资源的构建工作逐步展开。鉴于数据库中同质性和异质性的挑战以及接口问题，资源库的建设规范已被提上研究日程。为确保各资源库间资源的有效共享，所有参与资源建设的人员必须遵循统一的规范。历经岁月的洗礼，中国在数字教育资源的创新与应用方面取得了显著成就。高等职业教育资源网站的成功创建和专业教育教学资源库的

构建，极大地促进了资源的汇聚和分享。同时，基础设施建设也取得了长足进步。

随着资源数量的不断增加和用户需求的日益细化，普通的资源库已经无法满足共享的需求。伴随着云技术和大数据的进步，高等职业教育信息化资源的建设正在朝着平台和公共服务体系的方向发展，互联网使得资源的建设不再是单一的，而是转变为多方互动和生成的主导。资源的使用者也有能力创建资源，共同建设、共享和互相融合已经成为潮流。

（二）基础科目类别

自 1998 年起，我国启动了“全国现代远程职业教育资源建设项目”，历经十余年的不懈努力，截至 2017 年，已成功研发出超过八万个多媒体课件。这些课件涵盖了农林牧渔、交通运输、生化与药品、资源开发与测绘、材料与能源、土建、水利、制造、电子信息、环保气象与安全、轻纺食品、财经、医药卫生、旅游、文化教育、艺术设计传媒、公安、法律等近二十个领域。一些地区已经策划并开发了十三个专业大类和一百零二门专业核心课程的数字化教育资源，涵盖了上百个小类。目前，已经完成了“全国职业教育资源应用服务系统”的前期可行性研究。

（三）网站层次

1. 国家层级网站

高职教育信息网，作为一个大规模的专业网站，是国内首个专注于职业发展与建设的门户网站，其目标是帮助广大学生和家长准确理解高等职业院校，并塑造高等职业院校的品牌形象。

高职教育网由教育部职业教育与成人教育司指导，由中国高等教育学会职业技术教育分会主办，是一个高等职业教育综合类门户网站。中国职业技术教育网，是中国首家职业技术专业网站，致力于通过“围绕中心、服务大局、紧贴基层”，以及通过理论创新推动实践创新，将网站打造成一个宣扬高等职业教育重要政策的平台、一个展示高等职业教育改革进步成就的平台、一个研究高等职业教育中的关键和难点问题的平台，并且建立起高等职业教育相关机构之间的沟通和交流的渠道。

中国职业教育与成人教育网，由教育部主管、教育部职业技术教育中心研究所主办，是教育部《面向 21 世纪教育振兴计划》中“现代远程职业教育与成人教育资源建设”项目的重要组成部分，也是教育部教育信息化建设规划的一个重要内容。

2. 行业、院校层级网站

我国拥有超过一千所高等职业教育机构，包括上百所示范性学校，涵盖了农业、林业、畜牧业、渔业等十七个主要行业。这些学校基本上已经实现了网络覆盖，大多数都设有自己的校园网，只有少数与局域网相连。这些网站已经具备了发布全面信息和搜索资源目录等基础门户功能。

（四）不同层级资源网络的横向沟通方式

所有的信息组织和传递管理都离不开信息的交流。法约尔的跳板理论阐述了在优先考虑工作效率和顺序的情况下，管理和层级顺序的横向交流能够更有效地实现信息的协同。因此，通过信息的交流，我们可以消除层级顺序纵向交流的低效性，并且通过直接的横向接触，提高信息交流的速度，从而更有效地推动各个部门的相互配合和协同。

在各级别的高职教育信息化网站中，根据交流的主体是否来自同一个部门，可以将其划分为：同一部门内的纵向交流、不同部门间的横向交流（包括部门管理者之间的交流、部门管理者与其他部门员工的交流、不同部门员工之间的交流）。依据交流对象是否属于同一管理层级，可以将其划分为：在同一等级内的成员间的纵向交流，以及在不同等级内没有直接关系的成员间的交叉交流。其主要的交流方式包括决策、咨询会议、备忘录和技术链接等。

二、高职院校教育信息化资源建设模式及对策

建立资源是高职教育信息化的关键所在，其不仅是信息技术应用的核心，也是高职教育信息化得以顺利推进的基础保障。在信息化时代，构建网络学习环境显得尤为重要，它为信息技术与基础课程的整合提供了重要条件。通过高质量资源共享，提供更加便捷、高效的教育资源获取途径，从而提升教育的整体质量。政府、社区、学校、教师和学生等各方应共同参与资源的构建和共享，形成合力，

推动信息科技与课程教学的深度融合。通过改变教学方式和手段，高等职业院校可以提升教学效率，优化学习体验，进而培养出更多具备创新精神和实践能力的高级技术人才。实现高职教育改革的基础性目标，对于提升高等教育架构、推动高等教育普及和培育高级技术人才具有极其重要的影响。同时，资源共享也有助于缩小教育差距，促进教育公平，让更多人享受到优质的教育资源。因此，高等职业院校应高度重视高职教育信息化工作，加大投入力度，完善相关政策措施，推动各方积极参与资源共享与建设。只有这样，高等职业院校才能不断提升高职教育的质量和水平，为国家的经济社会发展培养更多高素质、高技能的人才。

（一）高等职业教育信息化资源建设目标

1. 总体目标

借助网络以及其他尖端的信息科技，构筑一个集成了各类信息资源的共同创建与分享的高等职业教育资源服务架构，以此推动公众的信息资源的分享和使用，增强公众的信息化程度，尽可能地满足消费者对高等职业教育信息资源的需要，从而持续提升高等职业教育的信息化程度，引领高等职业教育走向现代，并致力于培养出具备全面的职业技能，并且在生产和管理第一线上服务的实践型、科研型人才的优秀毕业生。

2. 具体目标

构建高职教育的资源库。这主要涵盖了高职教育的专业学习以及社会服务的资源。专业学习包括专业知识、课程内容、微型教室、培训及企业实例、资源中心等教学资源；而社会服务则包括校企合作、文献信息指南以及其他几个主要部分。构建教育信息化公共服务平台的关键思想就是提供公共服务。因此，在选择技术时，学习者需要集成并利用最新的网络技术，通过多个终端和广泛的覆盖范围，来推动高等职业教育资源的建设，以满足各种学习需求。这样才能真正将现代信息技术深度地融入高等职业教育的教学过程中，使得高等职业教育的师生能够普遍应用并且热衷于使用。

信息资源的利用是教育现代化的关键步骤。在教育信息化的流程里，建立信息资源的共享模型的数字化是根本。借助尖端的云计算信息技术，把高等职业教育相关信息纳入数字化信息库，可以推动对学生的全方位教育和培养，从而更好地为当前的高职学生和教师提供服务。

（二）高等职业教育信息化资源建设模式

高等职业院校的信息化资源建设内容丰富，几乎包含了教育活动的所有环节。鉴于各个机构在教育信息化资源建设过程中的进展差异，高等职业院校需要整合业务系统结构的每个部分，并且还需要提供用于后续的信息标准。这个系统不仅涵盖了内容、服务和使用，还能够支撑对所有用户的内容和服务进行开发，同时也可以提供多平台参与和评价的模式，特别是在考虑人工辅助技术的需求和批判性思维的技巧方面。随着三维计算机图形等视觉技术的广泛运用，高等职业教育的教学资源需要由技术专家、设计师和制造团队共同完成。此外，教师也会在教学过程中，持续地上传由教师和学生交流产生的创新性资源，以增加信息化资源的多样性。

构筑的基本框架涵盖了硬件设施，如通信网络、服务器和终端。信息技术的发展离不开通信网络的构筑，这不仅是实施的根本，更是不可或缺的先决条件。这个系统对已经存在的教育网进行优化，并将其与互联网、电信网以及各种不同的网络平台进行整合，从而达到了三网的整体融合。另外，这个系统也涵盖了基础的互联网中心的构筑，整合了多媒体教室、语言学习室、在线学习室、CAI 学习室、虚拟试验室、电子书籍阅读区以及各种终端装置，如基础设施的搭建与硬件的搭建。

由于各种业务系统的复杂性和对大量数据传输的需求，高等职业教育领域需要设立一套信息标准以防止“信息孤岛”的出现。该标准主要的应用支持系统包括：

第一，教育信息化是主要的教学软件和硬件资源，如多媒体素材，包括各类 CAI 课件、电子教案、教学案例、在线课程、考试、电子文档、搜索工具以及各类硬件资源。整合教学资源是校园信息化持续和健康发展的一个关键路径。

第二，核心业务系统包括日常的管理，如数字化的图书馆、学校的运营系统、教育的运营系统、学习系统以及办公的自动化系统。在这些系统中，教育的运营体系、学习系统和办公的自动化系统构成了教育信息化工程的初始阶段。同时，学习卡系统也是教育信息化的重要组成部分，推动了整个工程的进行。

（三）高等职业教育信息化资源建设的发展对策

在新的经济环境下，高等职业教育需要满足发展的需求。高等职业学校可以通过建立信息资源共享平台来实现，如通过推广优质的教育资源和完善机制设计，可以更有效地服务于高职教育的教学和管理，从而形成信息技术与教育教学相互依赖的良好状态。

1. 完善系统设计

在设计高职教育信息化资源的全面过程中，设计者要全方位地考虑其内容的功能和使用方式等因素。设计者需要优化资源搜索，并提供普遍性和个性化相结合的服务。通过对学习者的学习记录进行评估，设计者可以推荐适合的资源来辅助学习者学习。在构建资源的过程中，设计者需要关注其多样性、是否便于查找，找到适合网络传播，适合数字化学习和理解的资源，这就是系统化设计。

该系统的建设要结合资源库和资源池的建设。资源库是一个有序的资源汇总，能够作为一个示例来指导专业资源的建立。资源池则是一个由较小的非有序的资源元素和碎片组成的集合，因为这些元素和碎片的尺寸较小，所以，它们可以被轻松地组合起来，不管是创建者还是使用者都能轻松地利用它们。模拟课程作为资源库的基础，有能力根据特定的逻辑将零散的资源连接起来。这种逻辑的安排是否恰当，体现了教育改革的效果以及是否适应学生的认知模式和习惯。与大量的资源库相结合，还可以实现资源剩余，也就是说，提供的资源必须大大超过教学需求的资源。这样不仅可以让资源使用者直接分享资源，也可以帮助他们自行重新组织和配置资源，成为资源的创造者，进而服务于其他用户，也就变成了创造性资源的供应商。

2. 坚持需求导向

在高职教育信息化资源的构建过程中，以需求为主导，坚定地推行应用驱动，并且规范专业化的流程。组织由课程专家、教学和科研人员构成的专业团队来开发和制作资源。通过第三方的评估和反馈机制，定时检查资源的内容是否满足用户的需求。此外，配备一个专门负责提供支持服务的团队，以解决技术难题，保证资源建设的顺利进行。

建设信息化资源的最终目标是让学习者能够利用。因此，信息资源提供了可以自由组合的知识，构建了一个小型、大量储存的资源库。通过持续扩充网络资源库，实现资源的重新组织和整合。我们必须根据高等职业教育的特性，建立一个以职位需求为基础的实训资源平台，以便为高职教育的实践教学提供必要的条件和保障。在这个过程中，我们应该鼓励教师和信息技术人员积极合作。

此外，所有的高等职业院校都需要建立起一个顺畅的信息资源交换途径，并寻找资源的交换、沟通和交易方式。这样就能够形成一个共建共享的联盟，也就是说，那些与高等职业教育教学资源建设和使用相关的机构，如学校、学术团体、协会、研究部门、行业公司等，都可以在自愿的前提下形成一个战略联盟集团。在联盟中，各个学校都依赖资源库来互相承认学分，并且激励学生利用这些资源进行学习。学生并不需要在学校里上课，他们可以通过使用这些资源来学习示范课程。学生有机会参加统一的评估，只有在通过评估之后才能获得学分。这样可以促进资源库的普遍和持久运用，防止因资源的再次建设导致的人力和财力的损失。联盟中的各个成员单位也可以利用互补、协作、整合和融合的优点，一起推动高等职业教育的信息化资源的构建。

3. 遵循资源生成原则

资源公共服务平台作为一个关键的工具，负责整合和连接各类教育资源。鉴于高等职业教育的独特性，其在教学和互动的过程以及网络教育社群的沟通中能够产出众多的创新型资源。因此，要遵循一系列的规定来创造和利用这些资源，以便尽可能地达到资源的有效分配，促进资源的构建和运用的健康互动，从而构筑一个以课堂、教学和师生为主导的资源服务云模型。

（1）开放性原则

开放式的建设体现在对所有的教育机构，也就是说，所有的教育机构都可以分享其他机构的高品质教育资源，消除了学校之间或者区域之间的障碍。同时，它也适应了整个社会，如科研单位、博物馆、科技馆、图书馆、出版社、非教育技术公司等都可以积极参与其中。此外，我们要利用全世界的免费高品质教育资源，避免重复地开发。同时，开放式的建设也适应了所有的技术平台以及各种资源，如课件、教案、学生作品、汇报、教学日志等的分享。高等职业教育信息化资源的分享有许多方法，关键是如何落实分享的策略。

（2）可持续性原则

提升教育资源的信息化整体应用的持久性，对于确保高等职业教育的持续、稳定发展具有重要意义。为了实现这一目标，我们需要避免将资源建设局限于单独的开发项目，而是要构建一个互联互通的资源网络，彻底消除信息孤岛现象。首先，资源收集应采取分散式策略。这意味着我们应该鼓励各方力量共同参与，包括政府、学校、教师、学生等，以便从多个角度和层面获取丰富多样的教育资源。这种分散式收集方式不仅可以提高资源的丰富性和多样性，还能促进资源的及时更新和优化。其次，资源建设应吸纳用户参与。用户参与是确保资源建设贴近实际需求和具有实用性的关键。我们应该建立用户反馈机制，鼓励用户在使用过程中对资源进行评价和推荐，以便我们及时了解资源的优缺点并进行改进。同时，用户的参与还能激发他们的创造力和积极性，为资源建设贡献更多的智慧和力量。最后，资源共享应在使用过程中产生用户评价和推荐，以及对教育元素和数据共享的评估。通过用户评价和推荐，我们可以更好地了解资源的使用效果和用户满意度，从而不断完善和优化资源。同时，对教育元素和数据共享的评估有助于我们掌握资源的使用情况和效益，为今后的资源建设提供有力支持。

（3）创新性原则

我们要借助创新的资源来推动创新学习，把资源的创新性建设视为研究和开发的焦点，以此来帮助学生和教师学习。借助信息化资源的建立，教师可以通过探索，转变为一个共享的学习者和协作的思考者；学生可以掌握他们在各个学科领域的学习理解状态和进步模式，从而为知识的构建提供支撑；在创新原则的引导下，教师和学生可以加深对资源产生和使用的理解和实践，从而促进教师的专业发展和学生的全方位成长。

（4）合法性原则

在构建高等职业教育资源时，我们需要考虑版权、个人隐私和内容分级等问题。我们必须严格遵守版权方面的法律法规，对版权的使用应保持谨慎。对于高质量的资源，我们可以选择购买版权，如果经济条件允许，还可以使用自有版权等。随着信息科技的进步和我国高等职业教育改革的逐步深化，高等职业教育的信息化资源建设方法和手段将持续丰富，信息化资源建设的速度也将不断提高。

4. 促进资源均衡共建

我们要重视并利用如云计算、大数据这样的主流关键技术来打造高职教育信息化资源，利用大数据来进行数据的深度探索和学习分析，采取云计算作为框架，实现平台的统一管理，实现资源的共同创建和共享，消除信息的孤立，生成教育的大数据，然后对这些数据进行搜集、解读和梳理，最终得到更准确的信息，这将有助于根据学生的特点来制定教育方案，实现个性化的教育，以创新型人才的培训为中心，进行大型的网络开放式研究型学习平台的搭建，打造出智能化教育的关键部分，从而确保未来的大数据分析和优化的服务架构得到技术上的支撑和资源。

云计算的核心属性涵盖了资源的分享、计算的灵活度、独立的服务、广泛的适配性，还有根据应用的定价；私人云、企业云和混合云构成了三种广泛使用的云架构。借助云计算，我们可以提升信息资源的融合效率，降低基础设备的开销与运行成本。此流程涵盖了构筑云端、维护与融入云端，并向外界推广云端服务三个部分。其最后的愿景是收纳顶尖的云端解决策略，帮助机构获得信息资源服务，真实地达到高级职业教育的信息网络的连接和交流，从而增强资源的利用效益和保障的稳健性。

大数据价值体现在协助人们完成一些在现实生活中无法达成的目标。例如，当进行资源共享时，使用“数据分析成熟度”的模型将数据分析的成熟度划分为五个层次：数据收集与基础分析、数据融合与一致性、商业报告与分析、预测分析以及认知分析。这五个层次构成了一个由低到高的金字塔结构，其目标是从众多数据类别中提炼出有价值的信息，利用共享资源用户的行为和应用数据，可以预见他们未来的使用趋势，进而促进资源服务的积极推广，以最大限度地提升资源效益。大数据的强大分析和预测功能可以增强使用者对教育信息化资源的有效利用。

现在，我国已经建立了一些数字化的教学资源库。依照高等职业教育国家级专业教学资源库项目的数据研究，只有迅速搭建起国家级的教育资源库，才能达到全国的连接与资源共享。作为一个全国性的资源库，其必须拥有合适的架构、清晰的焦点、实时的刷新和高效的分享，同时也需要涵盖核心的专业课程，各个高等职业教育院校的主导专业领域，以及行业、企业的在职员工培训等多样化的信息资源。

5. 构建资源共享机制

资源共享机制是一种达到资源共享目标的流程或策略。高等职业教育信息化资源的构建是一个复杂的系统性项目，需要政府、企业和学校等各方面的积极参与，并在此过程中形成一个有效的机制。由于政府是主导者，整体规划的职责也需要相应地交给政府。

政府必须给予足够的关注，以便为社会提供优质的公共服务，推动地方级别的高等职业教育的数字资源的全局性布局和平稳增长。在全球范围内，为了优化当前的高等职业教育的信息资源，我们必须增强对西部地区的支援和援助，减少东部和西部在教育信息资源上的不足。借由政策的推动，我们可以推动高等职业教育的发展，并且，在资金软件与信息技术硬件的发展上都能得到提升，以实现教育资源的均衡分布，并确立高等职业教育的信息资源建设的标准。

目前，公共行政的重要性已经得到了广泛的认同，政府需要通过引入市场竞争，为社会企业提供更多参与机会，以减少成本。一个由多个主体构成的创新供应系统，有助于有效地避免风险。因此，从政府的角度来看，需要研究相关的政策和标准，寻找并建立一个可持续的运营和保养机制，并采用购买资源服务的方法，推动高等职业教育领域的资源共享。另外，政府也需要平衡高等职业学校与企业的联系，鼓励社会各方参与教育活动，一起研发课程和教科书等教育资源。

此外，高等职业院校是教育信息资源的核心构成部分，只有最大限度地利用这些以学府为根本的资源，才能实现全国乃至世界范围内的高等职业教育信息科技资源的共享。我们要在整个省份推动分散式学习资源中心的建设，并且鼓励各种获得省级补贴的分散式学习资源的教育机构，并且应该以支援整个省份的高职学府所创建的服务体系作为引领，从而给予其更大的学习帮助。比如，我们能够从政府那里获得宽带视频的版权，并且由学校无偿提供。我们也可以参考一些现有的教育机构，创建一个属于自身的平台和学生注册系统，从而防止不必要的重复建设。专家的职责在于专门负责监督教学资源质量。企业要创新性地推进高级职业教育信息资料的构筑。概括而言，在政策指引下，高等职业教育资料的构筑必须着眼于满足基础及主要需求，并且还需要鼓舞所有相关方面积极投身于信息化资料的构筑中，给予市场更大的可能性，促进市场间的交流，营造一个多元参与、和睦共处的氛围。为了防止教学资源脱离实际，造成人力和财力的大量浪费，地方政府应统一负责教育资源的开发和推广。在各级政府中，高等职业教育机构需要增加投资，并创建一个合理且均衡的多元化投资体系。教育信息化部门或学校在教育资源课件的开发经费上，可以实行适当的激励方案，这样可以充分利用教育资源建设的资金，从而推动教育资源的建设。我们在改进体系的同时要考虑普遍性，并科学地规划并严密控制财政预算。只有激发中央和地方的主动性，提供财政援助，我们才能更有效地开展资源建设，完善共享机制，并合理利用教育资源建设经费。

第四章　高等职业教育的国际化发展

本章为高等职业教育的国际化发展，论述了高等职业教育国际化的概念、高等职业教育国际化的必要性、我国高等职业教育国际化的发展、我国高等职业教育国际化的策略四个方面的内容。

第一节　高等职业教育国际化的概念

随着经济国际化竞争的日益加剧，世界高等职业教育发达地区和国家愈发重视高等职业教育国际化，我国的高等职业教育走向世界已是大势所趋。学界研究较多的是中等职业教育国际化和高等职业教育国际化。通常，所谓的高等职业教育的国际化，就是在一个国家的高等职业教育体系下，以其本土或地方性的特点作为基石，朝着国际的方向发展。这个过程把国际、多元、全球的理念整合到了高等职业教育的教学、研究和服务之中。

国际化已成为当前高等职业教育发展的重要趋势之一，但学界对国际化的内涵并没有形成统一认知。早在20世纪80年代末，高等教育国际化（internationalization of education）一词便在西方国家被广泛用来指代高等学校国际交流具体活动。1992年，美国学者史蒂芬·阿鲁姆（Stephen Arum）和德威特（DeWitt）首先提出了“教育国际化”的学术定义，认为教育国际化是一切与国际学术研究、国际教育交流和技术合作相关联的活动、项目和服务，他们的观点引发了学界对教育国际化的学术争论。

高等职业教育是我国高等教育的重要组成部分。国内关于高等职业教育国际化的理论研究以借鉴加拿大学者简·奈特（Jan Knight）对高等教育国际化的分类框架（能力取向、精神气质取向、过程取向和活动取向）为主。奈特的教育国际化观点包含宏观和微观两个维度。其中，国家教育国际化政策和动机属于宏观层面的发展战略，高等教育国际化策略与实施路径属于微观层面的建设实践。微观层面主要包括高等教育理念国际化、人才培养国际化、教育教学资源国际化、学术研究与交流国际化、人员交流国际化、实验实训国际化等方面。国家层面的宏观发展战略为高等教育国际化实践指明了发展方向，而高等教育国际化微观实践为国家宏观愿景的实现提供了现实支撑，两者间形成了相互融合、协调发展的共存关系。

当前，关于高等职业教育国际化的内涵主要有四种观点：一是过程观。姬玉明借鉴促进合作与发展组织（Organization for Economic Cooperation and Development，OECD）对高等教育国际化的界定，认为“高等职业教育国际化是指跨国界、跨民族、跨文化的高等职业教育交流与合作，即一国的高等职业教育面向世界，博采各国高等职业教育之长，并把本国的教育理念、国际化活动及与他国开展的相互交流与合作融合到高等职业院校教学、科研和服务等诸功能中的趋势和过程”①。二是活动观。高等职业教育的国际化是一种在全球范围内，特别是国家间，根据市场规则进行的合理资源流动，这是一种依赖市场这只“看不见的手”进行的资源分配行为。三是路径观。随着全球经济的深度融合，国内外两个市场在经济、文化、科技等领域的交流日益紧密，国家的综合实力也在不断提升，人们的生活质量也在快速提升。在这样的背景下，高等职业教育的国际化成为高等职业院校新的发展路径，既能扩大其外延，又能提升其内涵。四是目标观。高等职业教育的全球化关键是培育具备国际视野和国际竞争力的优秀人才，特别是那些具备创新和实践能力的技术型人才。

对于高等职业教育的全球化解读，每一种观点都是合乎逻辑的，同样也呈现了一些普遍的属性。在教育的视野下，全球化的高等职业教育一般被认为是一个完整的流程和行动；然而，如果我们根据高等职业学院的种类属性进行分析，全球化的高等职业教育一般会被认为是一种进步方式或者进步途径。尽管如此，当

① 姬玉明．关于我国高职教育国际化现状的思考[J]．教育与职业，2015（10）：107-109.

我们借鉴高等教育的全球化定义时，却没有深入领会到“高级职业教育”作为全球化媒介的特殊之处。因此，对于“高级职业教育”的全球化定义，我们必须充分表达出它的独有属性。国际化被视为一个描绘人类历史演变的领域，也就是描述人类从狭窄的地理联系转变为广泛的社会互动的层次和级别，它代表了生产社会化进步至现阶段的历史模式。其中，“人类”这一主体是决定国际化本质的关键。国际化的特点在于其主导地位和显著的阶段性。以高等职业教育的国际化为例，其关键在于“高等职业教育”。因此，我们需要将对高等职业教育国际化含义的科学理解与其类别和阶段的独特性相融合。在特定的时期背景下，高等职业教育的国际化是一种选择和生存策略，是高等教育和职业教育的结合。这种策略不仅要满足知识和技术的全球流通的基本需求，还要满足生产元素的全球流通的内在需求。国际化的高等职业教育并非仅限于跨国资源的流通，也并非仅仅是高等职业院校提升自身竞争优势的途径，它的核心目标更是为了让学生掌握国际级别的专业技术和广阔的国际视野，以此达到在全球生产要素流通的基础上进行国际化就业。

第二节　高等职业教育国际化的必要性

高等职业教育国际化有其必要性：首先，高等职业教育国际化是适应经济全球化的需要；其次，高等职业教育国际化是应对高等教育国际化的需要；再次，高等职业教育国际化促进了高等职业教育的发展；最后，高等职业教育国际化促进了国家教育战略部署的落实。

一、适应经济全球化的需要

经济全球化是一个不可逆转的历史进程，自 19 世纪工业革命以来，大规模的社会生产活动奠定了其基础。第二次世界大战后，一些国家的经济迅速崛起，资本扩张迅猛，寻求全球新商机的意愿日益强烈。特别是 20 世纪下半叶，信息科技作为创新的生产要素，极大地推动了全球经济增长和资源分配，打破了地域限制，自由流通于世界各地，成为经济全球化的核心要素和基础。经济全球化的目标是通过全球市场及全球信息的利用，增强各国在市场和生产领域的互补性。这一趋势促进了人力、资本、商品、服务、知识、技术和信息等要素的跨国流动，优化了资源配置。经济全球化的显著标志是生产、投入、贸易和资本的自由化，其影响远超经济层面的国际化，还推动了政策、文化和教育的交流和互动。从经济角度看，在全球商业环境中，资源、商品、信息和专业技术等生产要素得以自由流动，跨国企业规模持续扩大。随着跨国企业的蓬勃发展，其对全球人才的需求日益增长。这些企业作为世界制造中心，其子公司遍布各地，急需大量优秀专业人才。这些人才不仅要深刻理解跨国公司的经营策略和企业精神，还需熟悉目标国家的政策、经济和文化背景。

随着我国加入世界贸易组织，全球经济环境日新月异，我国对其他国家的经济依赖性逐渐增强。因此，全球的标准和惯例将成为我们经济运行和进步的基础架构。要在短期内追赶先进国家，我们必须把握技术创新的机遇，占领制高点，而这离不开大量具备高素质和创新能力的人才支持。

二、应对高等教育国际化的需要

针对世界范围内的高等教育问题，联合国教科文组织多次召开会议、发布报告等，从而为不同国家在高等教育领域的交流与合作搭建了平台，并直接促进了高等教育的国际化。1996 年，国际 21 世纪教育委员会向联合国教科文组织提交了题为《学习财富蕴藏其中》的报告，其中明确指出高等教育机构拥有利用国际化来填补知识空白和丰富各国之间和各种文化之间对话的优势。同一学科的科学工作者之间的合作正是跨越国界，成为研究工作、技术、态度和活动国际化的一个强有力的工具。

高等教育国际化具有诸多益处，已成为一种不可逆转的趋势。尽管如此，高等教育的全球化在发达国家和发展中国家之间呈现出鲜明的对比。与欧美先进国家在促进高等教育的全球化进程中对经济利润或商业利润的过分关注不同，大部分的发展中国家更愿意借助全球性的高等教育机会，以此提升其教学和科研技巧，进一步加强其整体竞争力。尽管如此，从宏观角度来看，促进个体间的交流、实现课程的世界性、塑造世界级的专门技术、增强高等院校的全球竞赛能力等，已经渐渐成为世界大学教育的核心发展方向。20 世纪 80 年代欧洲联盟的成员们开始实施的“伊拉斯谟计划”，1995 年获得批准的“苏格拉底计划”和 1999 年公布的《波隆亚宣言》，都是为了打造欧洲的整合性经济结构。通过欧盟成员国之间的人员互动，课程、学分、文凭和学术资格的互认，形成了一个相互开放的高等教育体系，推动了欧盟劳动力市场的建立，增强了欧盟各国在全球经济竞争中的实力。

在这个背景下，许多国家和地区采取了诸如大规模的自费留学、建立海外分支机构或联手进行教育的策略来增加经济实力。

三、高等职业教育发展的需要

高等职业教育作为高等教育的关键环节，也肩负着传播人类卓越文化、推动科技进步和社会发展的重任。只有不断向全球开放，创造机会吸纳外国留学生和外籍教师，并通过各种方式让本国教师出国深造，尽可能地吸取国外优秀高等职业学校的教学经验，借鉴优点，才能逐渐提高教学质量，提升国际影响力。高等职业教育的质量已经被国际化水平所决定。因此，在制定高等职业教育的发展策略时，国际化已经变成了一个核心因素。

自 1999 年扩招以来，我国高等职业教育的发展速度和规模扩充速度之快是有目共睹的。高等职业教育的快速发展在一定程度上满足了经济发展对较高层次技术应用型人才的需求，从而实现了高等职业教育的跨越式发展。高等职业院校可以通过合理吸收国际化的办学理念，根据国内外社会发展和产业结构升级的需求，创新人才培养模式，合理设置专业和调整人才培养方案，面向全球培养具有国际交往能力和国际竞争能力的高端技能型人才，从而在国际化进程中获得更大的发展空间。

国际化的高等职业教育是其持久发展的核心驱动力，能够推动我国的高等职业院校在教育观念、培训方法、课程安排等领域按照国际标准和需求进行调整和改良。目前，全球各国正在逐渐调整自身的高等职业教育发展策略，积极采取国际交流与协作、增加留学生人数、设立海外分校等途径走向国际化。我们应积极投身于高等职业教育的全球化进程，吸取先进国家的优秀教育模式，从而推动我国高等职业教育的持久发展。

四、落实国家教育战略部署的需要

人才是国家兴旺的关键，政治也依赖于人才。人是生产力中最具活力的元素，人力资源被视为第一资源。人才一直是一个国家经济和社会进步的最重要战略资源之一，它是决定一个国家兴衰存亡的核心因素。全球各国都高度重视人才的培养，特别是对国际化人才的培养。

美国在20世纪90年代初制定了《2000年目标：美国教育法》，强调教育国际化的战略部署，明确了培养目标，提出采用面貌新、与众不同的方法使每个学生都能达到知识的世界级标准，即通过国际交流，努力增强学生的全球化意识和国际化观念。

在我国，党的十九届五中全会明确了到2035年我国进入创新型国家前列、建成人才强国的战略目标。“科教兴国”战略和“人才强国”战略体现了我国对生产力中人的要素的高度重视，而高等职业教育国际化则是我国实施“科教兴国”战略和“人才强国”战略部署的重要举措，也是我国自强于世界民族之林的重要保证。

第三节　我国高等职业教育国际化的发展

一、高等职业教育国际化人才培养模式

伴随着经济全球化的不断深化，以及社会对具备国际化高级技术的专业人士的迫切期待，最近几年，关于高等职业学校如何培训国际型专业人才的问题已逐步转变为我国高等职业教育的核心课题。关于国际型专业人才的研究本质上是一

个新兴的话题，再者，现有的人才培训方法的理论研究还显得不够充分，所以，在推动高等职业学校实施国际化的过程中，我们要仔细研究这种人才培训方法的含义、结构，从而给予高等职业学校的发展和专业人才的培训提供一定的启示和参照。

（一）高职国际化人才培养模式的提出

为了更有效地满足我国社会经济在全球化背景下的发展需求，国家在政策层面推出了一系列关键的指导性文件，从国家层面对高等职业教育的国际化提出了明确的期望，并确立了国际化人才培养的主要策略。1996 年颁布的《中华人民共和国职业教育法》（主席令第 69 号）中提出“鼓励境外的组织和个人对职业教育提供资助和捐赠”[①]；2004 年，国务院批转教育部《2003—2007 年教育振兴行动计划》（国发〔2004〕5 号）把扩大教育对外开放、加强国际合作与交流作为国家教育战略的关键环节；2010 年，《国家中长期教育改革和发展规划纲要（2010—2020 年）》要求“培养大批具有国际视野、通晓国际规则、能够参与国际事务与国际竞争的国际化人才”[②]，并提出了一系列国际化人才培养的具体措施和机制；2011 年，教育部在《关于高等职业教育引领职业教育科学发展行动计划（2011—2015）（征求意见稿）》中更是明确要求示范（骨干）高职院校要培养具有国际竞争力的高端技能人才。

高职国际化人才培养模式主要涵盖了两个关键词：一是高职国际化人才，二是人才培养模式。对于高职院校的培养来说，国际化人才的概念只是一个大致的指向，其具体目标还相当模糊。因此，对于高职国际化人才的培养目标进行深入探讨，就显得极为重要。那么，“拥有全球竞争力的技术专业人士”的定义是什么？如何把这些定义从理论层面落实到实践环节，以便于在人才教育的流程中得以展示？如何实现变革的条件和路径呢？在“拥有国际竞争力的高级专业人士”中，“国际竞争力”代表着对于专业人士的知识、技术、观念、认知等各个层次的完整要求，它暗藏着一种符合国际化专业人士应有的品格，这是为了适应不断变化、开放、国际的社会背景而必要的品格要求，是一种对全面品格的理解，同时也体现出高等职业教育“国际化”的需要。

---

① 买琳燕．高职教育国际化发展路径研究 [M]. 长春：吉林人民出版社，2018.

② 同①.

所以，我们需要深入了解那些拥有国际竞赛优势的顶尖科技专家，不仅要了解他们的广阔眼界、服务目标、专业素养、学位标准，还要了解他们在行业变革和科技革新过程中的影响。这类专家必须是在全球市场或者全球化背景下，拥有国际观念和相关专业核心技巧，同时也需要满足高等职业教育研究生的标准。

在确定人才培养目标并将其应用于实际教育过程的过程中，人才培养的规范性问题是一个关键的环节。通过对具备全球竞争力的高级技术人才的理解可以看出以下几点：

第一，人才需要紧密与市场相连。考虑到我国的高等职业学校的实际状况，目前大多数选择的是国内和国际的途径，这种途径所培养的国际化人才主要面向国内外的企业或跨国公司。所以，理解并掌握这种企业对人才的需求特性是高等职业学校国际化人才培育的起点。

第二，在素质构成方面，人才不仅要拥有突出特色的国际专业技能，还应具备可以持续提升个人能力的职业核心技能。这也是高等职业学校在设定人才培育标准时的主要考虑因素。

第三，人才应该在学历层次上达到高职教育的研究生水平。鉴于全球高职教育的进步情况，分类化高职教育的发展已经变成一种不可避免的潮流。2010 年，我国基于国家现状和高职教育的发展状况，已经制定了建立现代职业教育体系的目标和实施策略。这也会为全球化人才的培育提供满足全球标准和规定的学位体系。

另外，考虑到高等教育的国际化含义中“引进”与“输出”的双重性质，我国在培养标准上所设定的相关要求也应遵循这种双重性。例如，学生不只需要专注于提升外语应用技巧，同时也不能忽略提升母语使用能力；不仅需要理解其他国家的文化，还需要掌握我国的独特文化。简而言之，我们需要妥善处理好在人才培育过程中，国际化和本土化的辩证关系。

所以，掌握全球性的专业知识，满足全球标准的职业核心技能，并且拥有全球视野的素质，这三个方面构成了国际化人才培育的三大关键。在这三个方面中，职业核心技能既包含了技能，也包含了素质。这不只是对个体的基本智力构造的需求，也涵盖了非智力因素的特性，反映的是人际关系和社会联系的需求。职业核心技能并非一门科学，而是运用特定的科学手段去探索事物的内在规则并解决问题的技巧。职业核心技能不是一种技术的简单融合，也不是多种技能的简单叠加，而是在一个全面的职业生涯中展示出的实施能力，是一种融合之后的全面反映。这种人才培养的标准，除了能满足高等教育对全球化人才能力素质的需求外，还具有其他特性，如国际人文素养基础，外语应用能力、跨文化交流能力及国际化视野，国际化的知识和市场观念，创新意识和创新能力，信息能力，民族责任感，以及良好的心理状态和与人合作沟通的能力。“高等职业”的特殊性体现在技术能力上，需要通过全球专业职业资格和技术等级的认证，这样才能拥有在国内外企业和跨国公司工作的职业资格，并成为他们所承认的人力资源。

（二）高等职业教育国际化人才培养模式的内涵

随着社会需求的推动和国家政策的引导，人们对全球化人才教育模式的重视程度日益提升，相关的研究也在持续增加。尽管主要的焦点是如何建立高等职业教育的全球化人才教育模式，但争议的根源是对全球化人才教育模式的不同理解。有人认为，全球化人才教育模式是指人才的教育目标、教育标准和基础教育方法；有人认为，全球化人才教育模式是学校为学生打造的知识、技能和素质框架，以及实现这一框架的途径；有人认为，全球化人才教育模式是一种在特定的教育观念和理论引导下，为达成教育目标（教育规格）而实施的一种标准化的教育过程模式和操作方法；还有人认为，全球化人才教育模式是一种按照一定规则有机融合了教育思想、教育理念、课程结构、教学方法、教学工具、教学资源、教学管理体系、教学环境等各个方面的整体教学活动等。

基于此，对于高等职业教育国际化人才培养模式的探讨，主要集中在几个核心议题。一些学者认为，高等职业教育国际化人才培养模式是在实施高职教育的全球化过程中，对专业构建、课程创新、教学方法的改革、教师能力的提升等方面进行的调整；有学者认为，高职国际化人才培养模式是在高职教育全球化的过程中，以全球化的人才为培养目标，根据全球化的标准和原则，对培养观念、培养流程、操作方法等方面进行适当的规划和实施；有学者认为，高职国际化人才培养模式是在特定的思想引领下，通过实施全球化的教育策略，实现全球化的教育环境；还有学者认为，高等职业教育国际化人才培养模式是为达成教育目标所设立的组织架构和操作流程，涵盖了人才教育的目标、教育的规范、教育的计划、教育的路径和教育的评估五个核心元素等。

综合上述学者的观点，可以将高等职业教育的国际化人才培育模式理解为采取有效的方法来塑造具备全球竞争力的尖端技术人才。也就是说，根据具备全球竞争力的尖端技术人才的培育目标，获得全球专业知识、满足全球标准的关键职业技能、拥有全球理解能力作为培育的标准，在运营机制的有力支持下，通过以建立全球化的课程体系为核心的培育路径，以及以学校、公司和引进第三方专业机构为主导的培育评估，构筑教育、学习和管理的标准化操作。

二、高等职业院校国际化的管理

尽管高等职业学校的国际化策略具有深远的影响，但它的成功实行需要战术性的协同。显然，实施高等职业教育的全球化是一个复杂的项目，涉及学校内外各个部门和各种元素的协同作用，这远非一个单独的管理单位可以独自完成。

（一）国际化战略规划的有效性

国际化的经营方式构成了一个综合的管理任务。教育机构必须关注长远发展，注重宏观的总体布局，并且拟定出持久的国际化战略。针对那些致力于全球化的高等职业院校，将全球化作为其策略性的工作是至关重要的。这些高等职业院校只有完全掌握全球教育科技的演变动态，研究自我与周围环境的联系，精准地认识到自我定位，依照个人的长处和短处以及未来的发展路径，适当地改变管理架构，合理安排资源才有可能增强自身的全球竞争优势。

（二）教师参与国际化过程

实施全球化策略计划依赖于集体的配合，其中，教育工作者扮演了学校开展全球沟通和协同的核心角色，他们的热情对全球化的成效有直接的影响。一般而言，教育工作者被认定为实施学校全球化战略的一方，他们所涉足的全球性事务和处理方式的问题，都应当归属于有关部门，如全球化工作委员会，而这些职务则需要由学校的行政领导层去承担。

（三）资源配置的标准和依据

决策者的眼光和动力、参与者对国际化的热情和驱动力、学校环境的塑造、资源的争夺以及现有资源的适当分配等，都是影响高职院校国际化管理成效的要素。

三、高等职业院校的国际理解教育

一些高职院校与其他国外同类院校的互动越来越广泛，互动的程度也在不断提升，对于理解和尊重的需求也愈发突出。

（一）国际理解教育研究综述

国内外学者就学校开展国际理解教育问题进行了一定研究。除了基于国际理解教育概念、发展史的本体研究外，国内关于国际理解教育实践途径的研究，主要集中在以下四个方面：

第一，比较借鉴研究，如洪文梅的专著《当代日本国际理解教育的考察与思考》、卜剑锋的《日本国际理解教育的发展及理论之考察》就从教学角度对日本实施国际理解教育进行了全方位的考察；陈鸿莹、张德伟则介绍了全球化背景下美国、日本、荷兰、墨西哥等国开展国际理解教育的实践改革策略；徐辉、王静也以英国、美国、日本等国为例，具体分析了世界各国开展国际理解教育的具体措施。这些途径和措施为国内实施国际理解教育提供了借鉴。

第二，策略性研究，如李世彬、孙雪梅提出了开展国际理解教育的集中实践途径：推行双语教学、合作培养研究生、积极发展留学生教育和开展多元文化教育等。这对实施国际理解教育具体措施具有总体性的指导作用。

第三，对国际理解教育课程的构建研究。这部分研究提出我国教育领域应开设专门的国际理解教育课程，形成独立的内容结构体系。许多学者对这部分研究进行了深入剖析，如蒋园园从理论层面，系统地分析了国际理解教育课程应有的范畴；翁文艳则从实践角度，在提出课程内容结构的基础上，指出国际理解教育课程具有活动中心、问题引导、小组合作的学习特色，适应于具备条件的城乡学校。

第四，主张在教学过程中渗透国际理解教育的相关研究。这部分研究主张在国际理解教育课程体系尚未建立的情况下，应先在已有的学科专业课程中渗透国际理解教育。谢淑海、熊梅从理论层面探讨了国际理解教育融入学校课程的原则（整合性、系统性、有效性、校本化和建构性）与模式（主题活动、学科附加、综合统整合自觉行动模式）；陈红、何妮妮则从实践层面，提出保证学科教学目标完成的前提下，通过挖掘跨学科主题、借助恰当情境视角和拓宽知识视野等在学科教学中渗透国际理解教育。

总体而言，国际理解教育的研究偏向于理论层面，而实践层面的探讨则相对匮乏。即便在有限的实践方法讨论中，也主要聚焦于中小学教育课程的设置和融合，至于高等职业教育领域的研究尚属空白。特别是针对依托国际交流合作项目，立足本土实施并推动国际理解教育的策略性和具体措施性研究，仍有待深入展开。因此，在多元文化背景下，深入探讨高等职业学校如何实施国际理解教育，对于推动其在国际交流合作和国际化人才培养方面的持续进步具有重要意义。

（二）国际理解教育内涵

教育国际化包括教育的国际交流、国际理解和国际合作。全球认知的主要目的是促进和谐与合作，其核心准则是增进不同文化环境中的各个国家与公众的相互认识和尊崇。全球认知教育便是建立在这些目标和准则上的永久性教育，包括学校教育和成年教育等。换句话说，全球认知教学实质上是一种教学方式，涵盖了各个国家、种族以及文明的不断的开放、协同和整合，这其中也包含了全球性的沟通、全球性的认知和全球性的协同。毫无疑问，国际认知教育就是“认知全球”的教育，包括“认知全球”的知识、信念、立场和技巧，这不仅构成了教育国际化的关键，同时也构成了推动教育国际化进步的连接点和主要路线。它在国际互动与国际协同中扮演着联结的角色，是推动教育国际化进步的关键途径。

联合国教科文组织于 1946 年首次在第一届大会上引入国际理解教育观念，

旨在加强不同国家之间的理解，从而推动全球和平。此后，国际理解教育通过合作学府与教育人才培训，被全球范围内的国家所采用并推行。1974 年，联合国教科文组织颁布《关于教育促进国际理解、合作与和平的教育以及关于人权与基本自由的教育的建议书》。近年来，随着全球化进程的加快，各国政府纷纷将经济、政治等引发的社会新问题赋予国际理解教育，使其肩负了更为复杂的使命任务。

（三）高职院校开展国际理解教育的必要性和可行性

国际理解教育是现代教育中一项基础性的教育内容。开展国际理解教育的目的，不是掩盖现实中不同国家和民族间的冲突和矛盾，而是帮助学生在现实情势下构建国际理解教育的核心价值理念、学习跨文化交流的基本方式和培养跨文化交流沟通的能力。主动了解不同文化间的差异，学会找寻差异背后的原因，包容差异文化，从而形成文化共存的国际理解态度，这才是国际理解教育在多样化内涵和复杂呈现形式背后的实质内容。

1. 高等职业院校应开展国际理解教育的必要性

影响高职院校开展国际理解教育的因素有很多。

首先，推动高职教育的国际化进程需要实施国际理解教育。推行国际理解教育对于高等职业院校而言，不仅能推动教育者的认知进步、学习和吸取发达国家的现代高职教育观念，还能建立科学的教育、教学、管理和评价理念，为其进行跨文化交流搭建平台，促使其获得更多的优质教育资源，并实现自身校园文化的多元化发展。

其次，开展国际理解教育是培养具有国际竞争力高端技能型人才目标的需要。从人才培养需求来看，在全球化的大环境中，新的社会观念（如可持续发展、协同发展、多元化等）对于高等职业教育的人才培养提出了新的挑战。同时，地方的全球经济发展状况也使得对全球化人才的需求变得紧迫。然而，社会市场的强劲需求与高等职业教育的实际情况并未达到一致。在商务交往实践中，学生仅仅懂外语只是成为国际化人才的一个必要条件，更要了解不同地域之间的文化差异，接受与自己不同的价值观和行为规范。开展国际理解教育，对于高职学生来说，尤其是有意识地进行跨文化交流能力的培养，不仅能拓宽其国际视野，提升其文化理解能力，更能针对性地提高其与来自不同文化背景的人有效交往的能力，更好地与市场和企业需求相衔接。

2. 高等职业院校开展国际理解教育的可行性

从实践的可行性方面来看，一方面，国际理解教育的内涵特征与国际化背景下的高职人才培养目标相统一。国际理解教育的内涵（以国际意识的培养为前提、国际知识的了解为基础、行为技能的具备为保障、国际素质的形成为目标）、倡导的内容（国际化的视野、理解多元化的思维方式、团结协作的友好态度、尊重宽容的心态等）与国际化背景下政府、社会对高职人才培养目标的定位和需求相契合。另一方面，一些高等职业院校的前期实践探索也具备了开展国际理解教育实践的可能和条件，如江浙及珠三角一带的许多高等职业院校，尤其是国家示范性高职院校，已在一些方面作出了积极努力和极富创造性的探索，通过国际交流与合作，在人才培养类型上体现出了一定的特色和示范性。综观国内，部分高等职业院校在办学水平、人才培养现状、生源水平等方面为先行先试、探索实施国际理解教育提供了条件。

对于高等职业院校而言，实施国际化教育能够推动其理解、吸收和借鉴发达国家的现代高等职业教育观念，建立科学的教育、教学、管理和评估观念；实施国际化教育能为高等职业院校进行跨文化的交流和沟通提供平台，促使其获取更多的优质教育资源，并实现自身校园文化的多样化发展。观察人才培养的需求，新的社会观念（如可持续发展、协同发展、多元化等）在国际化背景下对高职人才的培养提出了新的挑战。同时，区域的国际化经济发展也迫切需要国际化人才，然而，社会市场的旺盛需求与高职人才培养的实际情况并不匹配。

第四节　我国高等职业教育国际化的策略

基于当前高等职业院校国际化面临的形势，高等职业院校可从认知国际化、推进国际化、保障国际化三方面着手，坚定社会主义办学方向、提升国际化战略意识、避免国际化办学认识和实践中的误区；健全管理体制机制、搭建国际化平台、完善专业和师资国际化建设、开展来华留学教育；实施办学质量评价、推动中外人文交流、持续借鉴学习等，提升学校办学国际化水平。

一、我国高等职业教育国际化认知策略

（一）坚定方向是根基

在我国，推动高等职业教育的发展是实现社会主义职业教育的关键。

高等职业教育机构在国际化的道路上，应当积极为国家的进一步开放贡献力量。深化对外开放不仅是中国产业经济深度融入全球体系的客观要求，也是中国产业转型升级的必由之路。高等职业教育作为推动中国对外开放的重要力量，应借助其国际化进程，助力中国产业和企业“走出去”，这是高等职业教育发展的必由之路。高等职业院校通过国际化建设，积极参与国际竞争，在国际职业教育的大环境中引进、借鉴优质资源，实现我国高职教育资源输出，提升我国高职教育的国际影响力和话语权，助力我国高职教育走在世界前列。

（二）提升认识是前提

第一，必须凸显高级职业学校在国际化战略中的自觉意识。回望我国多年来的国际教育交流与合作历程，不难发现，高等职业教育的国际化进程始终与教育现代化和国家现代化同步前行。此进程既受限于政策、财务、文化、科研等内部因素，也受到国际形势、国际关系等外部环境的制约，而这些因素均根植于一个国家的综合国力和整体实力之中。做好包括高等职业教育在内的国际化事业，有助于在互容、互鉴、互通中增强中国的综合实力，有利于整体提升我国人才培养的质量水平，有利于在提高我国综合实力中壮大知华、友华的国际力量。

第二，应坚定实施职业教育国际化策略的信心。中国已跃升为具有国际影响力的教育中心，不仅吸引着全球众多的外语学习者，更创立了具有世界影响力的语言传播机构；不仅稳居世界留学生来源国之首，还成为亚洲最大的留学目的地；不仅频繁吸纳全球优质教育资源开展合作办学，更是积极在海外设立教育机构，

向“一带一路”国家提供教育服务和公共产品，展现出最大的发展中国家的担当和作为。

第三，高等职业教育机构需要增强国际化的策略思考。国际化的职教教育是职教机构的核心职责和任务，应该在为高职教育的变革发展、国家教育现代化建设以及“走出去”策略的推行过程中，推动其教育教学、人才培育、社区服务、科技探索、文化继承和创新等职责的深入整合。首先，推动高等职业教育的国际化进程，是推动其深度变革不可或缺的一环，这主要归功于其与经济、社会的紧密联系，也是实现全球一体化、加强中国与世界的整体协同发展的强劲工具。此外，这还是实施“职教 20 条”的核心支撑，无疑能够给予高等职业教育更广阔的前瞻性观点、策略、途径和优秀的资源。其次，推动高等职业教育的国际化进程，也是中国教育现代化的必要条件。实现教育现代化和强化中国教育是民族复兴的基础任务，在全面开放的新环境中进行中外人文交流，促进各国人民的相互了解和亲近，构建民心相通的桥梁，是高等职业教育的责任和使命。高等职业教育是国家教育体系的核心部分，其现代化不仅是国家教育现代化的关键环节，也是教育现代化的重要支柱。在推动高等职业教育的国际化过程中，高等职业教育工作者需要坚持以开放的态度推动改革和发展，提高国际合作和交流的质量，从而成为教育现代化的强大后盾。最后，实现高等职业教育的国际化是履行大国责任的必要条件和关键策略。深度参与全球治理，塑造中国高等职业教育的品牌形象，走向世界教育的核心地位，对高等职业教育的国际化提出了更高的标准。高等职业教育的国际化是为国家重大战略服务、提升高等职业教育质量的关键步骤，也是促进全球人民互相了解和亲近、建立民心交流的桥梁、推动人类命运共同体建设的重要支柱。高等职业教育的国际化是持续提高我国高等职业教育水平、服务高等职业教育现代化，扩大中外人文交流、构建教育强国、提高国家软实力的重要环节。

第四，高等职业教育的国际化进程需要有全面的大局规划和细节化的执行。相关的政府机构需要制定国际化的策略方案，明确高等职业教育未来几年的发展目标、策略和任务。在制定国际化策略方案时，需要注意把握教育对外开放的三个原则：首先是“加速”和“扩大”的原则，其次是“提高质量”和“增加效益”的原则，最后是“稳健”和“有序”的原则。在宏观视角下，逐渐优化高等职业教育国际化相关的政策法规，要确保国际化相关任务的规范和保障，如规定国际化合作办学的标准，预防风险，保证国际化发展所需的资金投入，并确保其得到充分执行。在微观视角下，高等职业院校设计了符合其独特性的国际化活动执行计划和详尽的规则，如对来华留学生的管理机制、教师的外派管理机制等，以保证所有任务的执行。此外，高等职业院校还构建了国际化发展的评估体系和品质评估指数，对国际化的整个过程进行监控预警，进行诊断性的考核，以确保国际化教育的品质。

第五，高等职业院校在考虑国际化发展时应做到“知己知彼”，提升国际化规划和决策的必要性、科学性和可行性。“知己”是立足校情，明晰学校的办学定位和办学条件，明确国际化在学校发展中的意义和路径选择，包括学校需要怎样的国际化作为办学支撑，学校可输出哪些理念和资源，学校国际化形成了哪些特色，学校国际化水平在本区域内、在国内属于什么样的层次等。学校切忌盲目跟风，照搬照抄，要实事求是，综合考量，树立科学的且具备融合学校、区域、行业特色的国际化办学和育人理念。“知彼”是指学校要充分研究潜在的合作对象，认知其合作需求，掌握其“痛点”和“兴奋点”。学校可成立目的国国别研究中心，或借助本科或其他高职院校智库的力量，深入了解目的国的情况。

我国的高等职业院校需要积极地吸取国外的优秀职业教育理念和人才培养模式，但这些都必须与我国的具体情况和实际需求相匹配。这就需要我国的高等职业教育工作者进行认真的选择，对有用的就选择，对无用的就放弃。同时，对于不适应或部分适应的，我们需要进行改革和创新，也就是推动高等职业教育的本土化。在我国高等职业教育的全球化进程中，我们曾经学习并借鉴了德国的双元制教育模式、美国的个性化和以能力为主的教学方法等。这些学习和借鉴都是基于我国高等职业教育的实际情况，同时也考虑了我国高等职业教育在不同地区的差异，进行了有针对性和区别化的选择和试验，并取得了良好的效果。这种本土化的高等职业教育过程，是我们走向全球化的关键一步。针对我国的实际状况，并为了维护我国的高等职业教育的独特性，我国的高等职业教育需要始终沿着国际化的轨迹进行，借鉴和吸收西方优秀的高等职业教育理念、运营模式以及相关的法律法规，遵循“以我为主，为我所用”的原则，以此推动具备中华文明独特性的全球性高等职业教育的发展。

因此，高等教育机构需将特色教育作为核心，塑造出多元的教育模式，并强调其特色的进步。首先，高等教育机构需要确立自己的教育和培养观念。在推动高等教育机构的全球化进程中，高等教育机构需要遵循一些普遍的法则，但同时也需要突出高等教育机构的独特之处。由于各类高等教育机构的教育定位、教学环境和针对的区域各不相同，高等教育机构在推动全球化进程时，绝对不能盲从潮流、复制粘贴，而应该遵循开拓思维、务实的准则，依据学校的具体情况来设计全球化进程的目标、定义、路径和引领观点，以科学的方式挑选符合本土需求以及与其协同的伙伴，建构具有独特性的全球教育和培养观。其次，高等教育机构必须致力于创建具有特色的专业，并塑造出这些专业的独特性。专业是高等职业教育的主要培训工具，因此，高等职业院校应该突出国际化的发展特征，这主要取决于创建具有特色的专业以及塑造出这些专业的独特性。同时，高等职业院校也应根据自己的办学情况和国际劳动力市场的需求，创建出既能反映我国高等职业教育的特性，又能满足国际劳动力市场的需求的专业，以此来展示我国高等职业教育的独特优势。此外，高等职业院校需要在常规的专业教育中突出中国的教育特点，如重视思想政治教育和强调团队精神等。

（三）避免误区有必要

高等职业院校国际化的步伐不断加快并取得了一些成就，但也暴露出一些需要警惕和防范的误区。

一些具有较强办学实力的高等职业学院，凭借科学的规划和前瞻性的国际视野，早早进行布局，领先一步。通过深度合作、派遣师生进行实习和实训，以及邀请发达国家（地区）的专家来指导等方式，这些高等职业院校极大地拓宽了办学思路，在国际化的道路上一路高歌，取得了显著的成就。

然而，一些高等职业院校为满足本就脱离实际而制定的指标或追求国际化带来的名和利，错误地将国际化视为一种经营方式，背离了国际化的初衷。

在外国留学生招生和培养上，江苏省做了良好的示范。近年来，为规范并加强江苏外国留学生的教育和管理工作，江苏省教育厅每年在全省范围内开展留学生教育专项检查工作，对刚启动来华留学教育的院校更是全覆盖检查。抽检院校需向江苏省厅提交本校外国留学生教育和管理工作报告，省厅派驻检查工作组到学校听取该校在留学生招生、在校管理、教学实施、保障条件等方面的介绍，并仔细查阅学校留学生工作的各项材料，观摩留学生现场教学、走访留学生宿舍并与学生交流，重视留学生管理工作中的痕迹管理。针对省厅下发的检查指标，院校还要从留学生教育和管理工作质量如何提高、管理如何规范、政策如何完善、风险如何防范等方面提出学校的解决措施和应对思路。工作组对院校的留学生工作提出意见和建议，院校依据意见和建议进一步排查，梳理留学生工作中存在的问题点，并提交整改报告。各院校本着“以检促改”的原则，在工作中“强管理、重质量、推亮点”，保障江苏省来华留学教育的健康、有序和规范发展。

二、我国高等职业教育国际化推进策略

（一）机制健全是基础

高等职业院校的国际化不仅受到外部环境的制约，更是由院校决策者对院校的发展阶段、地区发展环境和国际化关系的理解所驱动。现阶段，高等职业学校的决策者应深刻理解国际化是高等职业院校发展的必经之路，构建完善的国际化管理体系机制是高等职业学校国际化办学顺利进行的关键。

1. 完善国际化发展组织架构

我国成立了由熟悉国际交流、国际教育或国际标准的人员组成的国际合作部门，在高等职业院校党委外事工作委员会的领导下，依据国家对高等职业教育的政策文件，研究制定院校中长期的国际化发展方案，将其纳入学校发展核心环节应相关部门应该围绕制定的重点目标和任务，全面统筹与国际化建设发展相关的资源。各部门设立国际化工作协调员，与国际合作与交流部门一同贯彻落实学校的国际化发展战略。我们针对进行中国留学生教育的机构，应建立国际教育学院（国际学院）等负责中国留学生事务的统一管理机构，优化中国留学生教育的所有规定和条例，确保在招生、学生管理、汉语推广以及与国际文化交流等方面的工作得到有效执行。

2. 建立国际化协调运行机制

从政府层面来讲，应建立支持高等职业教育输出的统一协调机制，要加强高职教育“走出去”的顶层设计，研究高职教育输出所涉及的业务范围，梳理相应的负面清单，为政府制定支持政策提供指导意见；要建立支持高职教育输出，加强外事、人社、教育、财政部门和驻外、援外机构的沟通协调，统筹相关政策的研究、制定和出台，防止政出多门；要加强资源需求等方面的信息整合，将相关信息、资源与有基础、有条件的高等职业院校进行对接，增强高等职业教育输出、助推经济国际化的针对性和有效性。

从高等职业院校层面来讲，对内需要明确国际化工作不仅仅是国际合作部门的工作，而是全校一盘棋，涉及多领域、多部门的工作。为构建全球化管理体系，我国的高等职业院校需要全球合作组织的引领，同时加强各职能部门与教育机构的紧密配合，要深化宣传教育，使教师和学生深刻领会全球化对学校发展的重大意义，从而调动他们参与全球化工作的积极性，并自主谋划新的全球化发展路径。此外，高等职业院校应实施信息共享机制，定期召开全球化工作研讨会，确保全球化进程的有序推进，避免因信息不畅引发的发展障碍、责任推诿和纷争。在对外合作层面，我高等职业院校需通过构建教育协作、资源共享和利益分配等机制，规范教育实体的行为，从而激发各方参与国际化办学的热情，保障办学效益与成果。同时，我国的高等职业院校要加强思想引领和教育宣传，使全体教职人员深刻理解推进教育国际化的重要性和紧迫性，认识到其对学校未来发展的深远影响，进而使其自觉地参与教育国际化的建设，积极规划新的国际化发展蓝图，推动全球化取得新的进步。

3. 建立国际化办学考评机制

在机制构建中，评估管理的作用至关重要。高等职业院校需要运用多元化的评估方法，对在全球化进程中发挥核心作用的管理部门以及展现较高全球化水平的教育机构进行评价，进而激发其主动性和积极性。首先，我国的高等职业院校要把服务并保障全球化任务的顺利推进作为评估教育、人力资源、学术、科研管理等各职能部门工作绩效的关键指标，以激发这些职能部门更积极地投身于全球化学校项目的建设。其次，二级学院作为推动高等职业教育全球化的重要力量，需要将吸纳全球资源、培养全球型人才、开展全球协同工作及服务作为评价其工作成效的核心标准，以更积极地参与全球互动与协同，从而在校园内形成有效的压力传导和激励机制。最后，教师是高等职业院校国际化教育项目的具体执行者，应将提升国际化教育技能视为教师专业成长的关键环节。例如，可将参与国际化教育项目、出国留学及积累工作经验等作为评定专业教师职称的重要依据，并制定相关政策文件，加强对教师“双语”能力的培训，鼓励其赴海外进行进修或工作，以提升其在国际化环境中的工作能力。

4. 建立国际化经费保障机制

政府应设立针对高等职业教育国际化的专项资金，以激发院校推进国际化办学的积极性。该资金应确保在公立与私立高职院校之间以及不同地区院校间的合理分配，以充分发挥民办学校管理体系的灵活性和人才培养的市场化优势。同时，我国应引导偏远地区的高等职业学校积极利用其独特的地理优势，紧密配合国家“一带一路”倡议，在国际化进程中发挥积极作用。

此外，高等职业院校应在对项目可行性进行深入研究和绩效评估的基础上，精心制定国际化工作预算，并确立资金管理策略，实现资金与任务、任务与考核的紧密结合，进而提升资金使用的效能。同时，我国应逐步构建和完善多元化的资金投入机制，通过多种渠道筹集资金，积极吸引各类社会资本对高等职业学校国际化项目的投入；特别要加强与“走出去”企业的合作，共同构建多元化的资金保障体系，为高等职业学校的国际化进程提供有力支持。

（二）搭建平台是重点

搭建平台是推动高等职业教育优质成长的核心举措。卓越的平台犹如高等职业教育通往全球化之途的“金桥”，对于增进高等职业教育的国际合作和交流、提升全球影响力具有举足轻重的作用。高等职业院校应树立平台化的发展理念，在扎实推进既有平台项目的同时，积极组织多元主体参与的高等职业教育联盟，并加入政府或行业协会主导的国际合作与交流平台，与“走出去”的企业开展合作办学。我们致力于不断提升学校全球化教育的品质和服务水平，为高等职业教育的繁荣发展贡献力量。

1. 高等职业教育国际化平台搭建的基本原则

首先，要能够反映教育的核心理念。作为我国高等职业教育进入全球教育领域的“桥梁”项目，构建高职教育的全球化平台对于提高高等职业教育的全球化进程和推进高等职业教育全球化的深层次发展至关重要，它所承载的是具备中国特色的高等职业教育发展方式的跨国输出。

其次，体现合作性原则。开放、协同、交流已经成为当今社会发展的核心理念。所以，促进合作是构筑高等职业教育国际化框架的核心原则之一。创设这种国际级的框架，目标就是增强高等职业教育的国际交流，促进开放的合作，实现所有利益攸关方的优秀资源的分享和交流。通过充分发挥国际化平台的潜力，调控和改善所有参与者的资源分布，组织多样的沟通会议，搜罗教育发展、产业需要或者当地政策等多元化的海外信息，打造具有国际影响力的专门人才培养场所，为海外的高等职业教育提供技术支持等，目标是增进沟通和协同，以便让所有参与高等职业教育的利益攸关者可以实现优秀资源的连接和分享。

最后，强化服务性原则。产学结合以推动经济增长，是实现高等职业教育的社会效益的关键。在“走向世界”的策略指引下，众多的中国企业前往海外进行市场扩张。高等职业院校应与企业合作，构筑全球化的平台，汇集学校与企业的优质资源进行技术技能人才的培育和技术服务，以培育和训练符合中资企业海外发展需求的本地化人才，以满足中资企业海外发展的需求。同样，我国需要利用中资企业在海外的政策、环境、市场等领域的成长经验，扩大国际化平台的操作路径和功能，以达到国际化平台的健康且持久的发展。

2. 高等职业教育国际化平台搭建的路径

第一，积极参与政府或行业协会设立的国际合作和交流平台。例如，天津的“鲁班工坊”项目、江苏的“郑和计划”项目、中国教育国际交流协会的“职业技术教育国际交流”项目以及中国“东盟教育交流”项目等。

高等职业院校可充分利用中国教育国际交流协会丰富的国际化资源，如“高端技能型、应用型人才联合培养百千万交流计划”“中国—中东欧国家教育能力建设”等项目，院校抱团、齐心聚力，积极推动中国高职教育走向世界。教育部、外交部及贵州省人民政府合办的“中国—东盟教育交流周”连续 8 年进行，旨在塑造中国与东盟国家的教育协同品牌，并且已经纳入《中国—东盟战略伙伴关系2030年愿景》以及《澜沧江－湄公河合作五年行动计划（2018—2022）》中，这使得它成为中国和东盟国家在教育行业中最关键的有效沟通协调平台。至今，“中国—东盟教育交流周”已有超过千所的学校和教育组织参与，并且，已经签订了将近几百份的教育协定和合作文件。这些活动对于增强中国和东盟国家的互信，以及促进两国在教育行业的真正的合作都发挥了重要的影响。

此外，我国的高等职业院校可积极参与教育部中外语言交流合作中心境外孔子学院或课堂项目，与本科联建院校一起，发挥孔子学院或课堂遍布于世界各地的优势，拓展其传播中国语言和文化以外的职能，使其成为国家职业技术技能培训输出的重要阵地，特别是为在“一带一路”国家的中资企业当地员工提供语言和职业技能培训服务。

第二，构建一个包括中外政府机构、产业、企业、院校等在内的高等职业教育联盟。利用联盟中的各个成员的信息与资源优势，对学校的全球化步伐给予决定性的帮助，降低国际协同工作的危害，从而推动全球化的准确性与高效性的增长。例如，宁波职业技术学院牵头成立发展中国家职业教育研究院，与孟加拉国文凭工程师协会、斯里兰卡职业技术大学合作成立“中国—南亚职业教育研究中心”，在孟加拉国设立“孟加拉国—中国职业教育研究中心”，在斯里兰卡设立“斯里兰卡—中国职业教育研究中心”。

第三，与“走出去”企业实施境外办学，共建援外教育平台。高等职业教育机构在境外办学是在国家构建“人类命运共同体”的倡议下应运而生的。

教育主管部门可统筹部署高等职业教育机构境外办学，协调教育、外交、商务、文化等部门资源，形成高等职业教育援外合力；引导高等职业院校在中资企业海外业务量大，或者企业急需开拓业务并具备良好市场潜力的国家和地区办学，取得良好的办学效益和示范效应，带动相关院校共同“走出去”；鼓励高职院校搭建高职教育输出的协作与交流平台，支持“走出去”企业与高职院校联合组建职教集团，进一步深化产教融合，开发跨境产学合作项目，鼓励相关高职院校参与企业海外业务拓展项目建设；设置高等职业教育领域中外合作拓展与交流项目，推动高职院校抱团合作，形成合力；依托办学实力强、“走出去”办学有一定基础和经验的高等职业院校，参照中华人民共和国国家汉语国际推广领导小组设孔子学院的做法，在海外建设若干以“促进技术技能人才培养，促进丝绸之路经济带和21世纪海上丝绸之路建设”为目的的“丝路学院”；在向美国、澳大利亚、德国等高等职业教育发达国家学习借鉴的同时，引导不同高等职业院校根据自身办学的特点，选择固定的区域开展稳定合作，推广较为成熟的做法和经验。

首先，作为境外办学的主体，高等职业院校应将自身“走出去”的需要和职业教育援外服务结合起来，服务国家开放发展大局。对于全球化的教育模式，由于各个国家之间的政策、经济、文化等多样性以及相互间的交往，往往充满了许多未知因素。多年来，多个教育机构在目标国度中奋斗，深入了解该国的全面社会状态，如果高等职业院校能够与之协同工作，就可以有效地消除教育跨境传播所带来的障碍，从而减少可能出现的合作危机。针对刚刚开始在国外扩张的企业，高等职业院校需要充分运用自身在技术、语言、管理上的优势，弥补企业的不足，并与其一同开辟国际教育领域。企业可以作为国际化的高等职业教育的平台，特别是提供让学生进行实地操作的机遇，让他们能够深入了解中国公司的技术流程、生产管理以及公司文化，从而为他们未来的高效就业以及高品质服务这个领域的成长奠定坚实的基础。根据本地产业的进步以及劳动者的教育水平，结合企业的真实需求，我们应该有效地设计出适合的培训计划，以满足企业在海外的生产和运营的人才需求。高等职业学校应该按照《高等学校境外办学指南（试行）》的要求，在招生、学籍、教学质量评价、跨文化管理、风险控制等各个环节上规范自己在国外的办学过程。

其次，打造中国境外办学国际品牌。例如，天津市高等职业院校在亚、非、欧三大洲16个国家建成了17家鲁班工坊，形成以鲁班文化、鲁班标准、鲁班制造为特色内涵的高等职业教育境外办学知名品牌。高等职业院校应以此为借鉴，建立品牌认知，深化和扩展“鲁班工坊”“丝路学院”等中国职业教育品牌的含义，重视海外教育人才培养的效果，全力推行品牌策略，发挥集群效益。

最后，设立高等职业学校内部质量保障约束机制，主动与政府、企业、专家学者等机构对海外教育质量进行评估，形成自我评估和第三方评估相结合的评价体系，确保海外教育的健康和持续发展。

第四，搭建国际化科研合作平台，借助平台集成高等职业教育的优秀资源，共同进行职业教育的研究，这是加强职业学校的国际化含义、推动职业教育的国际化创新进步的关键路径，对于提升职业学校的国际化决策的科学性和实施效率大有裨益。首先，建立专门的研究机构，深度理解发展中国家的高等职业教育需求，这样我国与这些国家在高等职业教育领域的合作需求会逐渐增加。我国的高等职业教育相关机构现在急需对高等职业教育的进步和需求进行深入研究，以便为全球合作打下理解的基础。其次，我国需要建立一个国际合作机构，以推动跨国高等职业教育的科研工作。这种跨国的高等职业教育研究协同模式是对相关国家高等职业教育深入了解的有效途径。借助目标国家的研究资源和实力，我国能够有效地弥补传统仅依赖文献或调查的缺陷。最后，我国计划组织一次国际性的学术研讨会，旨在推动发展中国家的高级职业教育的互动与协作。这个研讨会是一个关键的场所，旨在传播中国的高级职业教育的理念和经验，同时也有助于加强合作与交流。借助这个全球性的科研协作平台，我国有能力向地区的国际协作和交流提供“中国的观点”，并且也对优秀的高等职业学府的构建提供了深度的帮助和保障。

（三）专业建设是核心

国家的高等教育机构必须积极推进国内的优秀产品向国际输出，并且积极满足“国际化”企业的需求。这包括培育拥有国际观念、熟悉国际法律的技术型人才以及中国公司在国外的生产与运作所需的本地人才。决定一个高等教育机构能否达到人才培育的目标，关键因素就是其专业是否满足国际市场对人才的需求，以及其国际竞争实力。

1. 重视专业特色和品牌建设

专业是培育高级职业人才的基础，高等职业院校需要根据其教学实际和合作伙伴的劳动力市场需求，整合学校的优质专业资源，构建能够有效进行国际化人才培养的专业群。高等职业院校要积极引进国外的成熟标准，如欧盟的《欧洲资格框架》、德国的《培训资格条例》、美国社区学院的专业设置、英国的共同评价框架等，结合符合我国实际的标准，对照框架和内容进行分析、比较和开发；参与高等职业教育发达国家的专业国际认证，如《悉尼协议》《华盛顿协议》《都柏林协议》等，确保学校的人才培养体系和质量与国际标准接轨；探索将专业标准和职业资格标准对接国外企业；在专业教学中融入如“知行合一”“终身学习”“工匠精神”“人人皆可成才、人人尽展其才”等中国特色高等职业教育的思想和理念。

2. 重视课程内容和质量建设

课程构建是专业发展的根基和终点。

首先，高等职业院校需要刷新课程理念，认识到课程的国际化是高等职业教育国际化的必然产物。高等职业学校需要根据最新的职业技术国际化人才培养标准和专业发展的方向来确定课程建设的目标、内容、组织实施和评估方法等，打造开放的国际化课程体系。德国正在积极推动“工业 4.0”的双元制职业教育培训课程的开发。在明确“工业 4.0”的普遍行为范围后，德国相关部门设定了标准的职责，并对这些职责进行了深入的解读，找到了相关的技能标准，进而创建了相应的学习模块。课程的开发需要经过企业、同业协会、学院和政府的多次讨论和配合，因此，通常新课程的推出至少需要 4～5 年的时间。此外，德国相关部门还制定很多高等职业教育与国际教育相衔接的措施，使“双元制”职业教育逐步与国际化发展接轨，如为了严格审视国际化素质教学，开设了国际化素质考试。该考试要求该科目结合综合课题，把高等职业院校相关的国际化素质在各个领域中得以体现，知识要点通过课题项目的形式表现出来，高等职业院校依据这些制定国际化素质考试的标准和要求。同时，高等职业院校在教育结构方面与国际通行标准接轨，增设外向型的学科专业，设立了汽车机电工程师、欧洲太阳能技师等国际性学科专业项目，并得到了德国政府的资助。在培训的新职业中，高等职业院校强调要积极学习外语、提高辅助能力和开展有关国际化素质教育的教学，实施有关逗留在国外教育假期的新制度等，这些法规与监督体系为德国高等职业教育走向国际化提供了法律保证。澳大利亚在高等职业教育的课程设计中融入了大量的最新的全球职业教育观念和思想，并且提升了主要地区的文化特色以及不同国家之间的跨文化元素的占比，同时也将国际上最前沿的科学文化知识和科技成就融入了各个学科的教学内容之中。

其次，高等职业院校要依托有办学基础的、实力强的专业开展课程国际化建设，优势专业具备对国际化各要素快速反应的能力，会密切关注专业对应行业和企业的信息和资源，能以最快的速度将其传递到课程中来。此外，高等职业院校要发挥该优势专业课程国际化建设的辐射作用，带动相近、相关专业课程共同发展。

最后，高等职业院校要将课程的国际化进程与全球通行的职业资格标准相结合，以确保我们培养的人才能够为经济的全球化进步作出贡献。同时，将劳动者纳入全球职业教育体系，有助于他们的持续学习和提高。在进行国际标准的开发时，我们需要关注“谁来开发、如何开发以及如何应用”这些问题，并且着重关注开发的主体、过程和执行管理这三个方面。我们需要依据协同管理的原则，构建一个涵盖全球视角的“政府、商业、企业、学校”的多方面协同发展团队。团队的成员包括教育部门的政策设计者、行业专家、职业教育集团的专家、大型跨国企业的专家、学校的核心教师、专业领军人物以及海外知名的教育专家等，他们代表了各自的行业环境、标准规范和价值观。

3. 重视输出以专业建设为核心的我国高等职业教育的理念、模式和标准

参与国际职业教育标准制定，实现标准对外输出是我国高职教育提升国际影响力的必由之路。以课程标准为例，首先，教育教学准则是高等职业院校的教育理念的体现，确立了专业的教学环境、课程的教学需求、管理的规则和人才的培养准则，这些都构成了确保教育教学质量和人才培养水平的关键教学文档。通过发布教育教学准则，可以将我国的先进的高等职业教育观念、人才培养模式、教育教学内容和方式等传递给其他国家，从而推动其他国家在教育教学准则的建设实践以及教育教学水平和人才培养质量的提升。其次，我们需要促进我国的高等职业教育标准的构建和深度发展。在这个“走出去”的过程中，高等职业院校将会更加关注专业教学标准和课程标准的制定，以提升标准的科学性、规范性和国际化水平。所以，制定课程标准对于优化我国的教育和教学规范具有积极的推动作用，并且，能够促进高等职业教育的深度发展。另外，制定教学标准能够提升职业教育的国际影响力，增强我国的高等职业教育在社会上的话语权。

教学标准涵盖了技术规范、职业规范、文化和价值观，向其他国家推广这些教学标准有利于深化企业文化和中国的技术，这不只是对某一所或几所学校的影响，还可能对整个行业或产业产生影响，并且，有利于促进各种教育体系之间的互动和共识，从而增强中国的规范、文化和价值观在全球的接受程度，展示出对文化和理论的自豪感。

职业教育“走出去”的核心是职业教育办学模式和职业标准“走出去”。教育部等九部门印发的《职业教育提质培优行动计划（2020—2023 年）》指出，要“引导职业学校与国（境）外优秀职业教育机构联合开展学术研究、标准研制、师生交流等合作项目，促进国内高等职业教育优秀成果海外推介”[①]。例如，浙江省高等职业院校在中外合作办学、联合办学过程中，将适应国际化办学的课程资源开发和双语教学内容作为教育国际化的重要评价指标，大力推进课程资源的国际化。“十三五”初期，浙江省共有 32 所高等职业院校开设了全外语课程，如浙江旅游职业学院、宁波城市职业学院开设的双语课程超过 100 门。在课程资源建设的进一步深化过程中，我国要将企业发展案例作为高等职业教育输出的教材内容，鼓励高等职业院校以项目化的方式联合组建开发团队，借助外语师资，将教材和培训包转化为多国语言版本，输出高等职业教育的中国方案和中国模式。

我国要实现以职业教育标准为核心的资源输出，应做到对内推动高等职业教育标准研制，对外推动高等职业教育标准输出。政府需理解标准在全球化的高等职业教育过程中的关键角色以及标准输出的策略价值，并且要清晰地规划全面的高等职业教育标准输出任务，建立包括教育部、商务部、国家标准化管理委员会等部门共同参与的教育标准指导团队，规划全国性的高等职业教育标准输出策略，并对涉及多个部门和多个领域的重大标准的设计实施统一的组织与协调，将标准研制和输出工作纳入国务院高等职业教育工作部际联席会议内容；聚焦“走出去”风险防范等研究，为高等职业院校输出标准提供指导和保障；建立由省市级教育主管部门牵头，依据区域职教特色，由熟悉标准研究制定的专家、“走出去”行业企业的管理者、一线教师、外事人员等组成的标准建设和输出工作实施小组，明确对内对外工作机制，统筹标准的制定、输出和质量监管工作；做好标准的多

① 荣长海．基于产教城融合的技能天津建设研究 [M]. 天津：天津社会科学院出版社，2022.

语种文本翻译工作，扩大受众市场。建立高等职业教育标准“走出去”的评价体系，聚焦标准的质量建设评价和标准输出后的认可度评价；可参照高校中外合作办学质量保障实施意见，研究制定教育标准的质量认证和评价方案，由院校自主申请，认证结果由教育主管部门采信。高等职业院校在加大对国际职业教育通行资格和标准的跟踪、评估和转化力度的同时，要做好“三对接”对接目的国政府部门，开展劳动力资源调研，了解劳动力需求状况，掌握办学政策法规；对接目的国职业院校，了解当地职教发展水平，对比研究两国职业标准等；对接目的国的中资企业，结合目的国劳动力市场和企业对人才的需求，共同开发专业教学、实习实训等职业教育标准。

教育主管部门要积极构建全方位、多维度、广渠道的立体化宣传格局，对外展示我国高等职业教育标准和发展成果。高等职业院校要参与教育领域国际标准研讨活动，发挥院校，尤其是交通、农业类特色院校担任国际教育联盟中方负责人或协调员的作用，对外大力推介我国的高铁、农林农牧类等职教标准，主动参加国际标准化组织技术机构并承担有关职务，提升我国在国际标准制定工作中的话语权；对目的国机构或院校人员开展标准解读和培训工作，通过配套集音视频、图片、文本等数字化资源为一体的在线开放课程，助力标准“走出去”，并真正“走进去”；在境外建立基于中国高等职业教育标准打造的人才培养基地，中国标准贯穿援外职业培训的始终，筑牢标准“走进、走深、走实”的根基；通过与外方合作办学、主办高等职业教育交流活动、参与世界教育大会和校长论坛等多元化的国际合作实践载体，增进与其他国家间的文化互信，促进民心相通，顺利推动高等职业教育成果“走出去”。此外，改革教育激励和评价机制将国际化建设相关成果纳入教师的考评体系，给予职称评聘、经济补贴等优惠政策，激励教师积极参与国际化工作。

在社会分工细化的产业背景下，高等职业院校在办学过程中始终保持专业建设与产业需求同步，专业门类齐全，特色鲜明，积极参与我国相关行业和产业标准的制定。在对接国外产业标准和职业资格标准的基础上，我国的高等职业院校与“走出去”企业通力合作，争取国际行业标准制定的话语权，努力让我国的职业标准成为世界标准的引领者、主导者。

（四）师资建设是关键

教育的核心职责是培养人才。为了培育出具备国际视野和竞争力的一线技术人才，高等职业学校需要组建一支拥有国际教育观念和能力的教师团队。团体不只涵盖了专门的教育与科研工作者，也应当有管理及教学辅助的成员，如对中国留学生的引领者。我们必须认识到，当前世界大学教育的主流趋势在于促使高等职业学校的教师走向国际。针对当前高等职业学府的教师全球化现象，我们需要构建适当的教师培训和发展计划；我们也需要将优质的教育资源投入这些学府中，如为他们提供专为全球化教师团队打造的经费支持。为了推动国际化的教育发展，高等职业院校必须将此项任务融入特别的工作策略中，也应该编写具有引导意义的关于教师国际化发展的相关文档和实施条例。此外，高等职业院校还应该成立一个专门负责推动这一进程的领导小组以及相关的管理部门，他们的主要任务是为学校的国际化教育发展提供培训、评价和奖赏的策略。所有的大学分支机构都需要成立一支专门负责国际化教师团队的实施小组，以便有计划和战略地进行国际化教师团队的培养。

师资队伍的建设采用“外引”和“内培”相结合的方式。

1. 外引

高层次的国际化师资是提高师资队伍国际化整体水平的重要保障。在“外引”上，高等职业院校应注意以下几点：

第一，高等职业院校应围绕学校发展建设大局及学科和专业建设实际需要，出台境外高端人才引进与管理政策，构建境外高端人才引进与培育机制，优化引进模式、招聘方式和激励机制，加大对具有较高学术水平且具有丰富行业、企业工作背景的境外高端人才引进工作的投入力度，吸引境外高端人才来校参与学科发展、专业建设和管理服务，充分发挥高层次人才的集聚效应和团队效应，不断促进本土优秀人才与外来人才的融合，学习国外先进的办学理念、教学方式、科学研究方法等，提高己方教师的国际视野、教科研水平以及教学与管理团队的国际化水平。

第二，高职院校要摒弃盲目重视外显性指标，这是因为扩大外籍教师的规模不一定适应学校或区域职业教育现阶段的实际情况，不仅无法保证教育教学质量，还极有可能引发其他社会问题。因此，国际化师资的引进一定要讲求实际，保证效用。

对于外籍教师（含外籍专家，以下简称“外教”）的聘用和管理，高等职业院校要做到以下几方面：

第一，严格依照《中华人民共和国教育法》《中华人民共和国教师法》《中华人民共和国出境入境管理法》《中华人民共和国外国人入境出境管理条例》《高等学校聘请外国文教专家和外籍教师的规定》等文件精神，坚持“按需聘请，择优录用；用其所长，讲求实效”原则。外籍教师管理工作以加强学校师资队伍建设，提升学校教学科研水平，增强学生外语运用能力，开阔学生国际化视野，营造学校国际化办学氛围为目标。

第二，在了解外教应聘者一般履历（含详细的个人信息、联系地址、电话、电子邮件等）的基础上，需其出示经中国驻该国使领馆签发的无犯罪证明原件，已在华工作的外教须提供申请人居住地的公安机关或司法机关出具的无犯罪记录证明原件；中国驻该国使领馆指定的医疗机构出具的体检证明；推荐信应由前任雇主提供，其中，应包含雇主与应聘者的工作关系以及应聘者过去的工作内容和表现。已在华工作的外国文教专家需要提供原雇主出具的盖有主管专家工作部门公章的推荐信。

第三，设立学校层面的外教管理工作机构，协调涉及外教教学和管理的各部门相关工作职责，同时，厘清涉及外教管理的各部门职责清单。以外教授课所在学院为例，该学院必须指定一名领导分管外教业务管理工作，配备一名专任教师担任外教联系人。外教联系人负责向外籍教师介绍本部门情况及明确具体业务要求，定期组织工作交流；依据外籍教师的专业技能，组织他们参与教职员工培训、业务咨询、课程设计、外语角、竞赛指导等活动，并协助学校扩大对外合作和交流；充分发掘外籍教师的科研才能，激励外籍教师以所在学院（部）的教职员工名义申请教学科研项目，发表学术论文，进行学术交流合作；以开放性指导和标准化管理相结合，对外籍教师进行教学管理。

第四，外籍教师应当遵守中国法律法规，遵守中国的公序良俗和教师职业道德，遵守教育与宗教相分离的原则。外籍教师所实施的教育教学活动和内容应当符合中国的教育方针和教学基本要求，不得损害中国的国家主权、安全、荣誉和社会公共利益。外籍教师应遵守学校的各项规章制度、尊重同事和学生，不得有损害学校利益的行为，不得擅自使用任何属于他人的秘密信息，也不得擅自实施可能侵犯学校或者任何第三人名誉权、荣誉权的行为。如果外籍教师违纪，则视问题性质和情节轻重处理，一般由所在学院和国际合作与交流部门批评教育；如外籍教师违法，或违纪且情节严重、态度恶劣者，则学校终止聘用合同，并由公安、司法机关依法处理。

2. 内培

对于大多数院校来说，相较于加大投入“外引”全球知名的技术专家和教师以增强本校的师资力量，“内培”更为合适。高等职业院校需要明白，教师的国际化发展是其在当前应对全球化所必须具备的教育观念。

第一，高等职业学校需要优化国际化教师培训体系，并从政策、制度、环境等多个方面制订适合本校国际化教师建设的支持政策和策略。

首先，高等职业院校应该设立一个由人力资源管理部门与国际合作部门共同构建的教师国际化运营体系，把国际化技能作为关键组成部分融入现有的教师培训计划中。例如，高等职业院校可以引入或创建一个在线的国际化培训资源库，激励教师根据培训的目标和标准，挑选适当的课程来学习，以弥补他们的教学和管理技能的不足；高等职业院校也可以定期举办研讨会，让具备丰富的国际化教学和管理经验的教师来主持，以此来加强学员对于国际化含义的理解并将其付诸实践。其次，高等职业院校应该改革语言教育方法，以解决高等职业学校教师在国际化进程中遇到的外语交流难题。在教师完成学习之后，他们需要全面地分享他们的学习成果，提交优秀的学习报告，尽全力把学习的结果运用在教育改革和科技创新上，从而增强教师的国际化教学和社会服务的实力。最后，为了改善高等职业院校在社区服务领域的技术研究不足的状况，高等职业院校需要加强产学合作和学校企业的协作，鼓励专业的教师到全球性的企业去实习和工作，如组织专家和年轻的博士参加企业的实地操作，与企业的技术团队合作，共同推动科学的研究和技术的革新，解决企业的技术挑战，这样可以增强他们为社区作出贡献的能力，并建立起技术和创新的服务平台，从而更好地提高高等职业院校的全球性人才培育水准。

第二，高等职业学校需要积极推进国际合作项目，如引进华人留学生项目，开发双语课程，派遣教师到海外合作学校授课，为“走出去”的企业员工提供培训等，以此丰富教师参与国际合作的途径，有效地支持教师国际化素质的提升。如果高等职业院校采取“1+1”的方式来强化英语教师队伍的培训，也就是选择一名专业英语授课的教师，并选择一名作为备选，那么，这样就能形成一个有效的“引导中学”的倒逼机制，以储备双语教师的力量。我国的高等职业院校可以与国外的学校或教育机构共同建立教师培训基地，接受目标国家的教师培训项目，通过当地的教师来传播我国的高等职业教育的理念和标准，这样的方式能够更有效地传播，效果也会更好。

第三，为了提升教师的教学质量，高等职业院校需要调整其教学奖惩和评估体系。首先，高等职业院校需要增强对于国际化教师队伍的资金支持，一边申请国家留学基金委的援助，一边积极创建各种形式的国际化教师队伍的教学基金，最大限度地运用上层的财政拨款，并且通过寻求企业的支持或者创办国际化教师队伍的基金，来确保有足够的资金支持高等职业院校的国际化教师队伍的建设。其次，高等职业院校要确保正在外国接受研修和互动的教师依然能够得到公正的薪酬和福利。他们在接受培训的过程中的各项花销，包括培训费用和出国费用，都将在一定程度上得到补偿。同时，高等职业院校也会给予那些自愿选择出国留学的人一定的奖赏。再次，对于出国进修或者访问学习的教师，应当建立一套详尽的评估机制。相关机构可以通过网络或其他信息传播手段，实时追踪在国外进修的教师的工作和学习状况，以便及时掌握他们所遇到的挑战和问题，并能够及时实施各种策略和方法来确保他们在国外的研修成果。最后，高等职业院校要把国际化的教学和研究成果纳入教师的评估体系，为在国际化教育前线工作的教师和管理人员提供职称评定、经济补助等优惠政策。高等职业院校要借鉴国外大学的做法，实施教师学术休假制度，让教师有机会利用学术假期出国进行交流和学习，鼓励教师积极参与海外教学、开展“一带一路”产业研究、来华留学生培养等高等职业教育的海外输出工作。

第四，为了塑造出一个具有国际特色的环境，高等职业院校需要大力推行各种跨文化的互动活动。文化教育并非一种直接的知识灌输，反倒是一种通过身临其境的体验，让我们在整个教育、管理以及服务的过程中，在无形中吸取并融入了各种文化元素。教师通过参与活动，一方面能拉近与外籍友人的距离，近距离感受国外文化；另一方面，能增强教师对自己教学能力的自信，以及对本国文化的自信。

第五，高等职业院校应积极主动地与上级教育主管部门及省级外事管理部门交流沟通，解决校内教师境外研修培训需求与外事政策管控的现实矛盾，加大对教师境外研修培训工作的支持力度。同时，高等职业院校应与境外培训单位加强交流沟通，科学谋划培训内容，确保培训质量，加强成果转化，切实提高受训教师的专业水平。

三、我国高等职业教育国际化保障策略

（一）质量评价是保障

质量是教育的生命线。构建多维度协同治理的国际化质量保障体系是提升高等职业院校国际化人才培养能力、质量和水平的必由之路，对加快推进高等职业教育治理体系和治理能力现代化建设、提高高职教育在国际教育竞争中的优势和地位具有重要的意义。高等职业教育国际化是一个多方参与、多方受益的过程。随着高等职业院校提升国际化办学的规模和层次，开展国际化办学质量评价是高等职业教育国际化可持续发展、高质量发展的重要保障。

1. 高等职业教育国际化评价的路径

第一，认真学习上级部门制定的办学政策和文件，积极开展国际化办学自查自纠工作，做到依法依规办事。开展中外合作办学的高等职业院校可参考教育部《中外合作办学评估方案（试行）》的评估指标，结合自身办学实际，制定本校国际化办学的规章制度，规范合作办学的建设和管理，提升合作办学的质量与效能。开展来华留学教育的高等职业院校应依据《来华留学生高等教育质量规范（试行）》的要求，积极开展校内自查工作，查漏补缺，促进学校来华留学教育水平的提高。《来华留学生高等教育质量规范（试行）》在来华留学生的教育改革和进步中起到了决定性的作用，并且为构筑来华留学生的教育品质保证体系打下了坚实的基础。

第二，积极响应上级部门开展的国际化办学检查督查工作，认真落实督查意见，及时整改。

高等职业院校可以参加由教育部国际合作与交流司组织，中国教育国际交流协会具体实施的高等职业院校中外合作办学机构或项目评估工作。一是对高等职业院校中外合作办学年度报告进行质量诊断。诊断工作以高等职业院校机构或项目提交的年度办学报告等材料为基础，以中外合作办学有关法规政策为依据，结合评估有关指标，对机构或项目一个培养期内办学质量适时进行外部同行专家诊断，有针对性地开展机构或项目管理干部和教学团队政策解读及同行办学经验互鉴。二是开展高职院校中外合作办学质量认证。相关机构应该根据《教育部关于进一步加强高等学校中外合作办学质量保障工作的意见》关于“建立反映中外合作办学特色、具有广泛社会公信力和国际可比性的中外合作办学质量认证标准和机制，推动行业质量提升和健康发展，加强行业办学自律”[①]的要求，研究制定了中外合作办学质量认证方案和标准。诊断和认证均接受院校自愿申请，服务院校高水平机构和项目建设需要，认证结果将由教育主管部门采信。

评审工作不应仅仅停留在对高等职业院校进行等级划分的表面层次，而应深入学校的各个层面，特别是要关注学校在全球化进程中的薄弱环节。为了实现这一目标，参与评审的全体人员必须更新认知，深刻理解评审的真谛。首先，评审人员需要摆脱传统观念的束缚，以全新的视角审视被评审学校。他们应该认识到，评审的目的不是给学校贴上标签，而是要通过深入剖析，找出学校在全球化进程中面临的挑战和困难。这要求评审人员具备敏锐的洞察力和深厚的专业知识，能够准确识别出学校在管理、教学、科研等方面的短板。其次，评审人员应积极与相关领域专家合作，共同为被评审学校提供切实可行的指导。这种合作不仅可以增强评审的权威性和科学性，还能确保评审人员所提建议具有针对性和有效性。通过与专家的深入交流，评审人员可以更加全面地了解学校的发展状况，从而提出更具针对性的改进意见。最后，评审工作应注重实效，力求取得实实在在的成果。评审人员应关注被评审学校在评审后的改进情况，及时跟踪评估，确保所提建议得到有效落实。同时，评审工作还应注重总结经验教训，应该不断完善评审

① 汤晓军．中国高等职业教育国际化研究 [M]. 苏州：苏州大学出版社，2021.

机制和方法，为今后的评审工作提供借鉴和参考。

第三，创立一个充满全球化特色的第三方专业评审机构。建立起来的第三方专门的评估组织应该可以为评估工作的全球化奠定根基。许多先进的国家的成功的第三方教育品质评估工作主要由拥有相应的评估资格并可以自主进行的第三方组织来完成，这极大地确保了评估结果的公正和公平。这些评估机构都建立了适应评估需求且相对科学的标准体系，形成了标准化的评估流程。然而，目前，发达国家的第三方评估机构在全球化方面的水平并不高，只有极少数具备企业化特性的第三方评估机构进行了跨国评估活动。我国的高职院校可以借鉴澳大利亚技能质量署对海外办学项目的监管措施，组建专门的审核团队对境外合作办学院校进行招生政策、办学流程、教学质量等方面的考核，确保境外教育和培训的质量。

我国的高等职业院校可以尝试建立国际第三方职业教育评估联盟，在全球各地设立分支机构，吸纳各国相关专业人士组成跨国专业评估团队。根据各国高等职业教育的发展需求，该国应该制定本土化和国际化相结合的质量评估标准，按照统一的标准流程进行评估工作，并实施严格的内部管理制度，形成优秀的组织机构运作机制，以实现为全球社会提供高质量的高等职业教育服务和推动高等职业教育的持续发展的目标。

第四，做好高等职业教育国际化的绩效控制。绩效控制能全面地展示高等职业教育国际化的现实发展状况，能够为政府管理部门和学校发展提供决策依据。高等职业院校要对开展的每个国际化项目进行科学的评测，不断优化评估和监测的过程，并形成一整套监测反馈体系；对于高等教育国际化的战略绩效控制，要逐步囊括到政府与学校工作的评估中去，高等教育国际化的发展计划、实施情况、政府之间部门的协调情况都要纳入其中。绩效控制是一个系统性的工作，需要高等职业教育国际化工作的各个部门共同参与。各个部门在绩效控制中找到问题并及时反馈，对教育国际化战略规划进行适时的修正。

2. 高等职业教育国际化评价指标

目前，根据组织的等级，世界各地的大学国际化评估指数体系被划分为四个类别。经合组织高等教育机构管理委员会、全球教育联盟、欧洲高等教育质量保障协会等机构，是一些由特定国家或地域的科研机构或高等教育联盟主导的相关机构，旨在协助其国家或地域的高等教育机构提升全球化程度，以便获得全球化发展所需资金援助的建设性文档。美国教育理事会国际化与全球参与中心、德国学术交流中心或德国高等教育发展中心、日本学术振兴会等都是涉及这个领域的相关组织。

一些特定的国家和地区的质量保证或评定组织主导了这项工作，这些组织被用来衡量其所管辖区域的大学的全球化程度，如澳大利亚大学质量管理局、日本大学的评定和学位颁发组织等。相关大学依照其全球化的策略目标设计并实施的自我评估指数，是衡量其全球化程度的重要工具，如，大阪大学、南安普顿大学、得州大学圣安东尼分校等。

高等职业教育国际化评价指标说明如下：

（1）理念与规划

教育观念是对教育过程的理性把握与美好憧憬，作为引领教育实践的思维范式，具有不可或缺的地位。在全球化的时代背景下，高等职业院校应将自身的发展置于全球高等职业教育的发展脉络之中，并以全球视野为基准进行自我评估和审视，基于学校短期、中期、长期的发展目标，精心制定教育全球化的发展策略与年度计划，为学校的全球化进程指明方向，描绘出宏伟蓝图，从而推动学校的全球化实践不断深入；同时，努力营造积极的社会氛围，促进教育的全球化进程。

对于理念和规划方面要重点关注，学校是否具备清晰的全球化发展观念、策略和目标。例如，学校发展战略规划中是否有落实《关于做好新时期教育对外开放工作的若干意见》，或是否对《关于做好新时期教育对外开放工作的若干意见》进行了调整；是否制定了国际化发展战略，以提质增效、内涵发展、服务人文交流和“一带一路”建设为重要目标，为国家经济建设和社会发展服务；是否根据国际化发展战略，制定了中长期规划和实施方案；是否定期召开教育国际化工作会议等。

（2）组织与制度

高等职业院校应成立专门的组织机构履行教育国际化的职能，并且，有相应的人力资源落实学校国际化发展规划，推动国际化活动的实施；建立起能保障教育国际化规范实施的一整套较为完善的管理制度，以及常态化的经费预算和奖励机制，确保教育外事工作运转有序，实施有效。

在组织与制度方面重点关注学校是否建立和健全了国际化工作机制（规划、咨询、实施、评估、激励、保障等），对国际化工作的落地、成效、辐射作用及国际化对教学科研的反哺、促进作用进行评价和反馈。

（3）学生培养国际化

学生培养国际化包括学生对外交流和来华留学生教育。

在学生培养国际化方面重点关注的是，学校是否已着手完善或正计划优化针对来华留学生的体系和机制，力求在人才培养方法上实现创新；同时，重视优化来华留学生的国籍和专业分布结构，提升学历生的比例，以满足教育国际化的需求；此外，还应积极服务于中资“走出去”企业，为其提供有力的人才支持。

（4）教学国际化

教学国际化包括课程与教学、资源输出、实训基地建设等。

在教学国际化方面重点关注高职院校国际化办学专业、双语授课课程建设，专业标准、课程标准输出，以及与企业设立实训基地等方面。

（5）师资队伍国际化

鼓励本校教师走出国门学习、进修、培训，以拓宽国际视野和增强全球思维意识，提高自身的国际化水平。教师的国际化程度越高，才能把学生双向流动做得越好。在“引进”外来智力资源的同时，增进学生的世界情怀。

在师资队伍国际化方面重点关注本土师资中取得海外学历或学位、在海外非学历研修三个月以上、在海外工作或实习三个月以上的教师人数；外籍教师中关注专业课程教师人数，突出外籍教师对学校国际化发展的作用。

（6）涉外办学

涉外办学分为中外合作办学和境外办学项目。高职院校依据自身发展实际，可聚焦“引进来”，或“引进来”和“走出去”并举，或重点开展“走出去”。通过中外合作办学引进境外优质的教育资源，通过境外办学对外输出我国高等职业教育的优质资源。

在涉外办学方面重点关注中外合作办学机构 / 项目的数量和办学效应；办学专业是否是当前国家急需的自然科学与工程科学类专业；引进国外优质资源的数量，境外职业技术教育研究中心、境外专业培训基地、境外实习基地的数量和办学效应。

（7）国际合作与交流

国际合作与交流是高等职业院校国际化的途径和方式，主要包括师生跨境交流。

在国际合作与交流方面，重点关注外方人员来校交流、学校教师出访交流、与境外开展师生交流、与境外机构和学校缔结合作关系等。近年来，随着我国高等职业教育国际化内涵的提升，不少院校主办、承办或参与国际技能竞赛，需关注学生参加国际技能比赛的数量和获奖情况。

（8）特色项目

国际化特色项目依据学校发展定位、办学特色和区域发展等因素自行制定。

在特色项目方面，重点关注参与市级以上中外人文交流活动数和参与“一带一路”国家教育援助项目数。

（9）经费

高等职业院校国际化办学需要较多的经费支持。经作者调研发现，国际化办学特色和成绩明显的院校与其获得的办学经费成正比。目前，高等职业院校国际化办学绝大部分依靠学校自身的资金，如果仅靠高等职业院校的一己之力，则难以保证国际化办学合作项目能维持长期的良性运行。

在经费方面，重点关注国际合作和交流预算总额及从其他渠道获取的经费总额（除上级财政外）等。

（二）人文交流是纽带

随着我国综合国力的提升，尤其是改革开放四十多年来的发展，国际社会迫切希望重新认识中国，了解中国迅速崛起的秘诀，关注中国未来发展的愿景。

在新形势下，高等职业院校应积极贯彻国家《关于加强和改进中外人文交流工作的若干意见》，服务国家改革发展和对外战略大局，着眼中外民心相通、文明互鉴、互利共赢的需求，践行教育在推动人文交流领域的重要作用。

第一，要把握新时代中外人文交流的历史定位、目标原则，在中外人文交流中要坚定“四个自信”，强调“以我为主、兼收并蓄”，努力讲好中国坚持和平发展、合作共赢的故事，向世界展现一个真实、立体、全面的中国。

第二，要建立中外人文交流机制，将人文交流理念融入学校国际化办学的全过程，注重丰富和拓展人文交流的内涵与领域，如上级部门实施的人文交流项目、各市（区）国际友好城市项目、学校开展的特色项目等，积极打造具有国际影响的人文交流品牌。

第三，要扎实做好来华留学工作。高等职业院校应该建立语言互通工作机制，推动我国与世界各国语言互通，开辟多种层次语言文化交流渠道。作为来华留学生培养的重要阵地，高等职业院校应在留学生培养过程中开设汉语和中国文化课，鼓励来华留学生学好中文和中国文化，加深他们对中国国情与中国和平发展之路的认同，培养知华、友华、爱华的国际友人。这些学生在回国后乃至在国际舞台上将以亲历者的身份成为“中国故事”的讲述者，促进世界公平、客观、公正地认知中国。

我国的高等职业院校应该涵盖以外语为专业教学语言的学科和专业，积极落实《来华留学生高等教育质量规范（试行）》中关于留学生“人才培养目标”的要求。在语言方面，在以中文为专业教学语言的学科、专业中，留学生应当能够顺利使用中文完成本学科、专业的学习和研究任务。在毕业时，其中文能力应当达到《国际汉语能力标准》五级水平。在以外语为专业教学语言的学科、专业中，留学生应当能够顺利使用相应外语完成本学科、专业的学习和研究任务。

高等职业院校在留学生培养过程中，一般以中文为专业教学语言的学科、专业的留学生（一般是“1+3”项目，1 年汉语预科学习，3 年专业学习），在毕业时，其中文能力应当至少达到《国际汉语能力标准》四级水平；在录取时已具备《国际汉语能力标准》四级水平的留学生，在毕业时，其中文能力应不低于《国际汉语能力标准》五级水平；以外语为专业教学语言的学科、专业的留学生应当能够顺利使用相应外语完成本学科、专业的学习和研究任务，在毕业时，其中文能力应当至少达到《国际汉语能力标准》三级水平。同时，在文化方面，留学生应当熟悉中国历史、地理、社会、经济等中国国情和文化基本知识，了解中国政治制度和外交政策，理解中国社会主流价值观和公共道德观念，形成良好的法治观念和道德意识。

（三）不断学习促进步

高等职业院校对外可学习发达国家职业教育的理念和经验，如国外优质高等职业院校在国际化平台建设、国际合作高质量项目打造、专业教学标准和职业资格标准推广等方面的做法，在吸收借鉴的基础上结合我国实际，加以改进、完善和提升。

另外，我国政府在推动高等职业教育的全球化过程中，扮演了关键的宏观管理、指导和协调角色。首先，我国政府需要优化高等职业教育的全球化体系。这个体系的优化是高等职业院校全球化进程的关键支持之一，因此，我国需要对全球化的高等职业教育体系进行相关的改革，确立政府和学校在教育过程中的角色，特别是对于这种类型的项目的课程协作，应当给予优先考虑。其次，我国发挥了经费引领高等职业教育国际化发展的导向作用。教育部《高等职业教育创新发展行动计划（2015—2018 年）》明确提出“支持专科高等职业院校到国（境）外办学，为周边国家培养熟悉中华传统文化、当地经济发展亟须的技术技能人才”[①]。在此基础上，扩大高职院校国际化经费资助范围、提升经费使用质量应成为制度安排的重点。我国应逐步加大区域协调发展力度，充分发挥北京、广东、上海和江苏等境外服务水平较高区域高校的辐射引领作用，不断缩小区域发展差距，提升我国高等职业院校现代职业教育境外服务培训整体水平，强化对资金使用的分级管理，特别是在偏远地区，利用其地理优势和国家战略进行国际化教育活动；通过公共和私立高等职业学校之间的公平分配，引导私立高等职业学校进行国际化教育活动，充分利用私立高等职业学校的管理体制灵活性和与市场的对接等优点。

2019 年，国务院发布的《国家职业教育改革实施方案》开宗明义：职业教育与普通教育是两种不同教育类型，具有同等重要地位。按照《国家职业教育改革实施方案》的指引，高等职业教育将实施提升与优化行动计划，致力于打造一批

① 荣长海．基于产教城融合的技能天津建设研究 [M]．天津：天津社会科学院出版社，2022.

具有中国特色、高水平的高职学校和专业群。我们应坚定不移地深化国际合作服务，支持高等职业教育对国际产能合作的贡献，加速培养符合国际产能合作需求的专业人才，进而提升高等职业教育的国际影响力。以国际产能合作为导向，我们需要积极推动“中文+职业技能”计划，助力中国企业“走出去”。同时，我们还应加大对高等职业院校国际化发展的支持力度，构建具备中国特色、全球领先的高等职业教育政策、体系和标准，以增强我国高等职业教育在国际教育舞台上的引领地位，并持续提升其国际竞争力。

第五章　高等职业教育的集约化发展

本章为高等职业教育的集约化发展，阐述了高等职业教育发展的集约化特征、高等职业教育集约化的利益相关者、高等职业教育集约化的环境生态、高等职业教育集约化的优化策略四个方面的内容。

第一节　高等职业教育发展的集约化特征

职业教育尤其是高等职业教育经过多年来的飞速发展，取得了令人瞩目的成就。其中所体现出来的国家政策的强力推动作用是毋庸置疑的。正如《国家中长期教育改革和发展规划纲要（2010—2020年）》提出的，职业教育实行"'政府主导、行业指导、企业参与'的办学机制"[①]。同时，从高等职业教育健康、协调、可持续的角度出发，国家相关政策仍然会强力推动高等职业教育的改革发展。但这种强力推动应与前期有所区别，应着力于推动高等职业教育尤其是高职教育从运动式发展向常态化发展转变，着力于明晰高等职业教育改革发展参与各方的权责边界，着力于以人为本的现代职业教育体系架构和建设，着力于形成并彰显自身的存在和发展价值。

在这种政策导向的推动下，高等职业教育改革发展在未来必然会表现出较为明显的集约化特征。这种特征将集中呈现为以下四个方面：

① 王红亮，高鹏，张俏．校企合作下高职院校现代学徒制理论与实践研究[M]．延吉：延边大学出版社，2022.

一、制度设计上的系统化

从当前我国高等职业教育发展的制度设计看，大致可以较为清晰地做五个层面的划分：

第一，国家法律层面，主要包括《中华人民共和国教育法》《中华人民共和国职业教育法》《中华人民共和国高等教育法》等。

第二，国家法规层面，主要包括《国家中长期教育改革和发展规划纲要（2010—2020 年）》《国务院关于加快发展现代职业教育的决定》等。

第三，部门法规层面，主要包括教育部等六部委联合印发的《现代职业教育体系建设规划（2014—2020 年）》、财政部会同教育部印发的《关于建立完善以改革和绩效为导向的生均拨款制度加快发展现代高等职业教育的意见》、教育部印发的《关于全面提高高等职业教育教学质量的若干意见》《关于推进中等和高等职业教育协调发展的指导意见》《关于推进高等职业教育改革创新引领职业教育科学发展的若干意见》《关于深入推进职业教育集团化办学的意见》等。

第四，地方法律法规层面。从目前实际情况看，这一层面主要包括两大块：一是为落实国家法律法规及相关部门法规而制定的相关政策文件，如各省《教育中长期改革和发展规划纲要》（2010—2011 年）、《安徽省教育厅关于深化高等教育教学改革全面提高人才培养质量的若干意见》（2012 年）等；二是各地在全国职教工作会议召开之后为贯彻落实《国务院关于加快发展现代职业教育的意见》而颁布实施的不同形式的实施意见以及省级教育主管部门会同省级财政、人社部门制定的各类执行层面政策措施，如《安徽省人民政府关于加快发展现代职业教育的实施意见》（2014 年）、《江苏省人民政府关于加快推进现代职业教育体系建设的实施意见》（2014 年）等。

第五，市县政府政策层面。从作者调研情况看，目前这个层面有政策、有执行、有落实、有反馈的实践案例主要出现在浙江、江苏等地省辖市政府层面。

综上所述，这一制度体系有效地推动了高等职业教育的迅速发展进步，使其发展水平得到了进一步提升。但是，随着高等职业教育改革的不断推进，这一体系还需要进一步改善和优化。高等职业教育面临的挑战通常涉及广泛的领域，这导致了优化工作变得更加复杂和艰难，因此要予以特别关注。

未来高等职业教育发展的制度体系将会在以下两个方面不断健全和完善：

在法律层面及更广泛的语境下，国家针对高等职业教育的发展规划将日趋完善。这种完善将着重体现在构建"政府引领、行业指导、企业参与"的教育体系上，对各参与方（如政府、行业、企业、学校、学生和家长）的权利和义务进行清晰界定，并通过一系列政策举措予以保障和推动。

从实际操作层面或更细致的视角来看，我国应积极提升促进高等职业教育发展的各项政策和措施的执行力。这种执行力主要体现在各类旨在推动进步的政策上，如确保人均经费的落实以及根据实际情况和时机推进产教结合、校企合作的区域创新等。尽管两个层面的高职教育发展制度体系在起点和核心上存在差异，但都需要通过系统性的思考、推进和发展来实现目标，单纯依赖教育机构或教育体系将难以实现有效的改善和提升。

二、办学定位上的区域化

地方性的高等职业教育的特质主要取决于它的定位，它是作为一种独立的高等教育形式。观察高等职业教育的演变，我们可以看到，政府在高职教育的定位上，已经从强调"高端"逐步转变到了强调"专业"。这种"地方性"的进步特点也在不断增加的办学规模、加强的内容构建以及地方产业的改革和提升中变得越来越突出。总的来说，高等职业教育的区域化属性主要表现在以下四个方面：

第一，高等职业院校的分布具有明显的地域性。根据举办者的种类，主要涵盖了地方政府、行业、企业以及个体公民四大类别。这些学校几乎都分布在全国各个城市的行政区域内。不管是从学校的建立和运作情况来看，还是从学生的数量和分布来看，地域性都是高等职业教育的一个关键特点。

第二，高等职业教育机构在招生方面的地域性。从实际的招生情况来看，除了少数知名度较高的学校，大部分高等职业教育机构的省外招生计划并不多。实际上，高等职业教育主要服务于省级行政区域。这也表明，高等职业教育是针对区域发展的，其人才培养的目标就是服务于区域的经济建设和社会进步。如果这个目标被忽视或者缺失，那么，高等职业教育的存在和发展将会失去支持和依赖。

第三，学校运营的地域性。高等职业教育机构必须选择与企业合作和工学相结合，这在专业设置、教师队伍、课程设置、实习等人才培养的各个环节都有所体现。受时间和空间的限制，高等职业教育机构与当地行业企业的联系更为紧密，合作也更为深入。唯有全力以赴地推动当地经济增长与各行业、企业的发展，高等教育机构的潜力才能被完全挖掘并被接受。事实上，高等职业教育机构向当地的企业提供的帮助越丰富，高等职业教育机构的效益就越明显。

第四，学校文化的地域性。高等职业教育机构的学校文化并非孤立存在的，而是必须与地方、产业、行业和公司的文化相互交融的。继承和推广地方文化同样是高等职业教育机构的主要社会责任之一。高等职业院校需要把本地、行业、企业的文化融入到校园中，并通过有效的教育方式让这些文化贯穿学生的发展、成长和成功的整个过程，从而塑造出独具一格的校园文化，全方位提升高等职业教育和培养人才的软实力。

随着高等职业教育的深度发展，其地域性发展的价值正在逐步恢复，并将成为高等职业教育新一轮改革和进步的主导方向。

第一，表现在自身内涵建设上。在高等职业教育的规模稳定发展后，高等职业院校必须进一步深化其内涵建设。专业建设是高等职业教育内涵建设的关键，其目标是让人才培养与经济社会发展紧密相连，并有效地满足市场需求和岗位要求。因此，如果忽视特定地区对高等职业教育内涵的建设，其重要性将大打折扣。如果专业设置能够满足地区发展的需求，那么，在课程设计、教师队伍建设、实习实训环境建设等方面就能有针对性，可以集中优质资源来创建特色专业。针对地区经济社会发展的需求来推动专业建设，高等职业院校必然会形成差异化和错位发展的模式，同时也会在这种模式下塑造出独特的学校特色和地区特色。

第二，表现在服务产业发展上。产业结构和布局在各个行政区域内都有所差异，并且，产业的发展表现出一种流动性。预计在未来一段时间内，各地的产业吸收和转移情况依然会持续，这就导致了各个地方的行业企业对优秀的高级技术人才的需求呈现出多样性。所以，承担着技术型人才培养重要责任的高等职业教育必须保证这个目标的执行和达成。只有在地区产业集群的建立和地区行业公司的发展环境中，积极推动人才培养模式的变革和教育教学手段的创新，坚决与地区行业公司合作开办学校、合作培训人才、合作就业以及合作发展，才能不断提升人才培养的针对性和实际效果。在地区产业不断转型升级的过程中，高等职业教育的目标是推动地区性的发展以服务于各行业的企业，这就需要高等职业教育找到自身价值的重点和起点。

第三，表现在引领职业教育改革上。在未来的一段时间里，我们将以打造现代化的职业教育体系为中心进行高等职业教育的改革。作为一种面向所有人、覆盖整个社会的教育，我们需要创建一个全面、全流程的现代化高等职业教育体系，而忽视地理和空间的限制，无疑是不切实际的。因此，高等职业教育有责任充分利用其核心地位，确保其与基础教育、中等职业教育、应用型本科教育等的顺畅连接，以及与成人教育和社会培训的有效对接。高等职业教育要在创新的教学理念、资源的节约和共享、专业课程的构建、人才培养的改革和服务于行业企业等各个方面，真正起到引导作用，以此来推动区域职业教育的改革和发展。在构筑现代职业教育架构的过程中，高等职业院校通过促进地域性的发展来推动职业教育的变革，这就需要明确高等职业教育的发展目标。

三、资源配置上的整合化

从实践角度来看，我们需要全面、精准地审视职业教育改革与发展过程中的突出矛盾与问题，并以更为理性、科学的发展观推动实践创新。首要之务是消除当前职业教育运营体系中的障碍，这是实践创新的基石。同时，优化职业教育管理与办学资源的有效利用，或可成为此类创新的最佳起点。

第一，整合高等职业教育管理资源。管理被视为一种隐形的资源，其科学性和效率对于高等职业教育的健全、平衡和持久的进步起着直接的作用。目前，高等职业教育的管理涉及许多方面。例如，中等职业学校通常由当地的教育局负责，而高等职业院校则由各种不同的举办机构，包括市级政府、教育机构、行业管理机构、企业（集团）以及公民个体等来进行管理。技师学院则通常由当地的人力资源和社会保障部门负责。

第二，整合高等职业教育办学资源。高等职业教育被广泛认可为一种需要大量资金的教育形式。近些年，由于高等职业院校规模的迅猛扩张，极大地推动了其基本教学能力的增强。在执行国家级的中、高等职业院校建设项目时，仅凭中央财政就已经投入了数百亿的建设资金。此外，由于高等职业教育的知名度和社会影响力的增强，各行各业的公司资源和社会资金对其的支持也在增强。所以，高等职业教育的资源在以前所未有的速度集结和增加。如果说早期通过提升和加强高等职业教育作为改革发展的模范和准则具有重大的意义，那么现在对高等职业教育资源的优化分配和高效使用就更加具有现实的价值。虽然市场经济的核心原则是竞争优先，高等职业教育的发展也不能忽视，但是，作为重要的公共服务项目，高等职业教育仍需维持均衡的发展，尤其是在先进地区与落后地区之间。在某种程度上，当高等职业教育的教学理念已经逐渐达成共识时，决定高等职业教育能否成功的关键因素就可能是实施这种理念的环境和条件。尽管投入的总量仍然有限，但目前至少可以在优化和集约利用高等职业教育的教学资源方面取得一定的成效。

四、体系运转上的集团化

这里说的体系指的是现代职业教育体系。立足我国高等职业教育发展的实际情况，同时也为了避免现代职业教育体系建设难以跳出学历教育的思维惯性，根据黄炎培的“大职业教育”理念，高等职业教育的教学策略应该是“社会化”和“科学化”。仅仅依赖职业学校，仅仅依赖教育领域，仅仅依赖农业、工业、商业领域的努力，都无法推动高等职业教育的发展。黄炎培强调在开办职业学校的同时，需要与所有的教育和职业领域保持积极的沟通和联系，在倡导高等职业教育的同时，人们也需要投入一部分精力参与全社会的活动，并且，在实施高等职业教育时，应该根据地方和时间进行适当的调整。目前，为了以最小的成本深入推动高等职业教育的产教融合和校企合作，高等职业教育集团化办学可能是一个最优的选择。

实际上，许多省份的教育发展规划已经对高等职业教育的集团化办学和集约式发展等创新办学机制进行了明确阐述。然而，从规划到执行，从政策到措施，我们仍需要找到有效的工作推动点。地方政府必须通过强大的“推动力”全面激发高等职业教育各方利益相关者的“驱动力”，才能在实践中实现更多、更大的实质性成果。这种创新的办学体制就是高等职业教育集团化办学。

第一，地方政府需要增强对本地区高等职业教育改革和发展的资源整合。由于高等职业教育的多元化运作模式无法在短时间内得到有效应用，所以，更需要地方政府强化对高等职业教育资源的整合，这也是实现本地高等职业教育的集中化办学和集约化发展的基础。例如，我们能否通过提速高等职业学校的平均资金拨付来促进发展？我们能否增加地方财政的投资，新建或者借助先进的高等职业学校建立真正能够实现区域共享的公共实验和实训基地？我们能否在制度上设定不同类型的高等职业学校的主要管理和协调机构，从而真正做到管理和协调的分离？

第二，各地方政府需要增强对于区域级别的高等职业教育集群化办学的体制创新。由于各个区域的产业发展焦点和阶段各异，这在某种程度上限制了区域职业教育的发展模式的独特性。因此，各地方政府需要根据当地的具体情况，在高等职业教育的改革和发展的政策框架下，持续提升本地高等职业教育的体制建设。

第三，地方政府需要全力以赴地整合区域内的高等职业教育集团化办学的实践创新能量。一方面，地方政府需要通过对区域内高等职业教育发展的资源整合和制度改革，最大限度地保障、指导并激发高等职业院校和行业企业参与推动高等职业教育集团化办学的热情和主动性，持续增强对高等职业教育集团化办学的实践研究的力度；另一方面，地方政府需要为高等职业学校的地域性发展创造更多的机会，如通过技术开发和推广、职业技能训练、园区创业培训等途径，努力提高高等职业院校在地区发展中的参与度和贡献率，以此进一步提升地区职业教育对行业和企业的吸引力，使得行业和企业在高等职业教育集团化的办学过程中能够找到并实现自己的预期收益。

可以预见，只要我们在三个领域加强创新，高等职业教育的集团化办学就不会是无源之水、无本之木，甚至在没有集团化办学外在形式的情况下，也能实现集团化办学的初衷。

第二节 高等职业教育集约化的利益相关者

一、利益相关者的类型

（一）利益相关者理论简介

斯坦福国际咨询研究所首次提出了利益相关者理论。利益相关者是指任何能够影响该组织目标，或者被该目标所影响的团体或个体。从字面上看，对于利益相关者的最直观理解就是追求特定利益的人和他们的归属。

自利益相关者理论诞生以来，它已经被广泛地运用在企业管理中。传统的企业管理观念是“股东优先”的，但是，利益相关者理论主张，参与企业决策的人应该是受企业影响的所有利益相关者，为所有利益相关者的利益提供服务是管理者应尽的义务。企业的最终目标不应只是实现股东和经理人的利益最大化，还应实现所有利益相关者的利益最大化。

《国家中长期教育改革和发展规划纲要（2010—2020 年）》明确提出“要建立健全政府主导、行业指导、企业参与的办学机制”[①]。利用利益相关者理论来审视和思考职业教育改革和体制机制创新问题，显然是一个非常有价值的思考维度。

（二）高等职业教育发展中利益相关者的类型

就高等职业教育利益相关者这一方面，根据不同的研究需要，不同的专家学者进行了不同的界定和区分，以下进行具体论述：

高等职业院校的利益相关者涵盖了政府、教师、管理人员、学生、企业、行业、家长、校友、媒体、社会公众和中介等。高等职业院校和学生共同构成了技术技能人才的供应者，而行业和企业则共同构成了技术技能人才的需求者。

如图 5-2-1 所示，市场机制作为一种看不见的力量，对于技术技能人才的供需关系方面，有着极为深远的影响。

① 孙健，俞洋．治理视域下职业教育校企合作模式研究 [M]. 苏州：苏州大学出版社，2021.

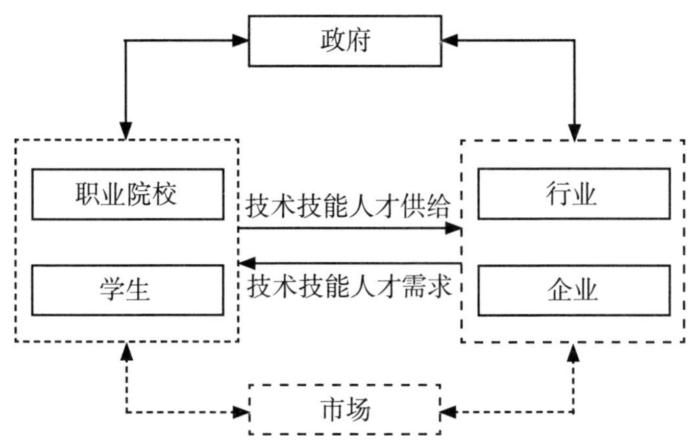

图 5-2-1　职业教育利益相关者关系示意图

现代的社会和经济环境使得现代的职业教育的受益方呈现出多样化，包括政府、各类行业机构、学院和公司等，它们都是现代职业教育的受益方，它们一起塑造了现代职业教育的受益方。

以高等职业教育的发展和利益相关者之间的紧密程度为依据，我们可以将高等职业教育的利益相关者分为两层——核心层和外延层。仔细来看，核心层主要包括教师、学生以及高等职业院校的管理者，而外延层涵盖政府、企业、社区、媒体、高等职业教育联合会以及第三方独立机构。

事实上，我们需要考虑设计过程中政府如何发挥主导作用、行业如何发挥指导作用，以及哪些企业会参与并如何参与等问题，因而，为了使该机制得以真正落实，必须对高等职业教育的利益相关方进行更加深入的研究，以便找到问题的核心要点。

第一，政府层面。在政府层面，作为高等职业教育利益相关者的主要有中央政府、省级政府、市（县）政府三个层级。从发展高等职业教育的总体目标而言，政府层面无疑是高度一致的，如优化教育结构、促进就业、改善民生等。

第二，行业层面。2011 年，教育部发布《关于推进高等职业教育改革创新引领职业教育科学发展的若干意见》，深入阐释了行业在职业教育改革发展中的关键角色。行业作为教育与产业之间的桥梁和纽带，其重要性无可替代。在推动产教融合、加强教育与产业的紧密联系以及确保高等职业教育发展计划与产业发展需求相契合等方面，行业发挥着举足轻重的作用。同时，对于如何有效发挥行业的引领功能，我们已在方向、策略和体系等方面进行了明确规定。

第三，企业层面。作为一个雇佣员工的组织，企业可以根据其规模的不同，分为大型、中型、小型和微型企业等不同的类型。就现实情况来看，企业实际上是许多高等职业学校毕业生最终就职的地方。与此同时，根据企业属性进行分类，企业可以分为合资企业、独资企业、私营企业、全民所有制企业和集体所有制企业等不同类型。

第四，院校层面。按照国家现代职业教育体系的设计，职业院校的种类主要有初级职业院校（现在已经基本不再独立设立）、中级职业院校、高级职业院校和应用科学研究大学。如果我们将其视为更宽泛的高等职业教育，那么社区内的所有职业技能培训机构也都是属于高等职业院校的一部分。

第五，学生层面。这里可以将学生区分为在校生与毕业生以及在高等职业院校接受培训的其他人员；另外，还有高职专科学生、高职本科学生等。

从发展的层面来看，政府提倡并改进高等职业教育的教学方式，旨在促进技术技能人才的供需平衡，从而有效地推动利益相关者之间的交流、对接以及合作机制的建设。

二、利益相关者的利益诉求

（一）利益相关者共同的核心利益诉求

从高等职业教育的利益诉求来看，虽然主体不同——政府、行业、企业和院校各有差异，但综合来看，它们仍然具有以下的共性特点：

1. 技术技能人才的培养与供给

发展高等职业教育是推动经济发展、促进就业、改善民生、解决“三农”问题的重要途径，是缓解劳动力供求结构矛盾的关键环节。在全国范围内的产业结构改革中，地方产业的转型升级急需强大的技术技能人才的支援。

高等职业学校、企业、行业以及地方政府都希望通过职业教育集团化办学来培养和提供技术技能人才，这是其共同的核心利益诉求，而这也与高等职业教育的基本职责相符合。

因此，高等职业教育的经营具有重要责任，需要采取开放的方式，各地政府、行业和企业都愿意支持高等职业学校提升教育质量和水平，甚至可能把它视为促进地区经济社会进步和实现行业、企业的持久发展的推动力。这种对于技术技能人才的培训和提供的积极参与，已经构成了各方推进地区性职业教育联盟建立和进步的基础条件。

2. 人才资源建设的降本增效

四个主要的利益方，包括高等职业学校、企业、行业和地方政府，它们都从各自的角度对技术技能人才的培育提出了自己的需求。特别是，如何在技术技能人才资源的构建过程中实现成本的降低和效率的提升，无疑是所有参与方需要重点思考的核心议题。

一方面，高等职业教育的巨额投资使得高等职业学校的运营成本较高。高等职业教育机构在实施校企合作、工科融合和顶岗实习方面的人才培养模式更加关键，同时，高等职业教育机构与企业合作教育将迎来必然的发展。

另一方面，伴随着科学技术的飞速发展，行业改进和提升的速度也在不断加快。由于人才培养水平相对不高，高等职业院校毕业生的就业能力与职场需求之间的矛盾可能会迅速显现。当多个要素共同作用时，会促使各个领域和公司更热衷于、更积极地参与技术与职业技巧的教育过程，从而增强教育的品质、效益和结果。与此同时，在某些阶段，改革仍然会面临技术和技能匮乏的问题和挑战。因此，这种在技术技能人才资源建设上降本增效的现实需求，必然成为各方推动区域性职业教育联盟建设和发展的根本动力。

（二）利益相关者不同的核心利益诉求

在具体的实践工作过程中，各个利益相关者——政府、行业、企业和学校，虽然都拥有共享的核心利益需求，但其对于高等职业教育的核心利益的关注点仍然存在一定的区分。不仅如此，它们在各自领域内也存在着较为明显的结构差异。

1. 政府层面不同的核心利益关切

在我国的现行政治架构里，与高等职业教育紧密相连的主要是中央、省级、市（县）级三级政府。总的来说，这三级政府对高等职业教育改革和发展的关键利益关注点可以概括为三个方面，也就是推动公平、确保就业、提升民众生活质量。然而，这三个级别的政府对核心利益的关注度因其所承担的责任不同而有所差异。中央政府更倾向于从高等职业教育的最高层面出发，其主要利益需求相对较大。在中央政府的政策引领下，省级政府的工作重心往往集中在实施这些政策，其核心利益依旧倾向于扩大。与此同时，市（县）政府的工作则显得更加繁重，其政府既要遵守上层政府的全部高等职业教育政策，又必须依照当地的实际状况，给予职业教育的发展清晰的引领。

2. 行业层面不同的核心利益关切

如果想要在高等职业教育的改革和发展过程中，行业的作用得到充分的体现，就必须依赖于行业管理部门和相关组织的协同作用。作为政府的一部分，行业管理部门负责统筹、引导、协调和推动本地区的行业发展。由于政策等因素，目前影响力较大的行业组织主要集中在国家级别，而省级及其以下级别的行业组织在行业内的影响力相对较小。

从职能定位看，行业组织在高等职业教育中的主要利益关注点与政府保持一致，这也是政府功能改革的主要途径之一。由于行业组织在发展方面尚未完全成熟，其在提供与行业相关的技术和经济信息，进行市场预测预报，以及为政府、企业、会员和社会提供高等职业教育的行业指导方面，都存在困难。

3. 企业层面不同的核心利益关切

实际上，无论是行业的领导者还是重要的企业，通常都拥有完整的人才培养策略和计划。所有与其合作的学府，包括高等教育机构，都是经过严格筛选的。有些甚至已经形成了合作的习惯，对于其他的高等教育机构而言，想要加入并非易事。在当前的背景下，中小企业和高等职业院校的合作已经变成中国高等职业院校和企业间的主要合作方式。

主导行业的企业如果要维持和提升其影响力，就必须通过多样化的方式来保障人才团队的稳定性。

企业对于高等职业教育予以关注的主要好处是能够更好地节约培训成本，满足其对技术技能的需求。但是，不同类型的企业会有不同的侧重点。例如，通过采取各项措施来确保人才队伍的稳定性，以确保企业在行业中保持领先地位。

4. 院校层面不同的核心利益关切

高等职业院校是职业教育的主体所在。为了达成我国从一个经济大国向一个经济强国的转型，推动经济增长的方法应该从主要依赖于增加物质资源的消耗，转向依赖于科技的发展、劳动力的素质的提升和管理的创新。在这个过程中，高等职业教育扮演着无法取代的关键角色。实际上，在高等职业院校的核心利益考虑中，“无法取代性”的重要性也被聚焦在此。这种无法取代性主要表现在三个层面：首先，在帮助学生成长和发展的过程中，通过增强学生的职场竞争力来维护学校的核心竞争优势；其次，在推动服务行业公司的发展过程中，通过提升服务质量和水平来塑造学校的独特性和品牌形象；最后，在推动地区产业的发展过程中，通过支持甚至引导产业的发展，提高学校的知名度和声誉。

5. 学生层面不同的核心利益关切

作为高等职业学校的学生，他们主要关心的利益问题包括：首先，是否能通过专业学习和技能培养，为顺利和优质的就业奠定坚实基础，并获得持续的学习发展路径；其次，如何培养核心竞争力，以促进个人职业生涯的成长与发展；再次，能否拥有一个良好的生活和学习环境，以提升自身的学习效果和生活质量；最后，是否能在社会中获得适当的认可与地位，体现自我价值。

三、利益相关者的动力机制

（一）政府层面对高等职业教育的动力机制

中央、省、市（县）政府对于高等职业教育的重视程度各不相同，并且它们所承担的职责也有所差异。那么，政府在职业教育改革发展中的推动力是如何产生并实现的呢？

如图 5-2-2 所示，为政府对高等职业教育改革发展动力机制：

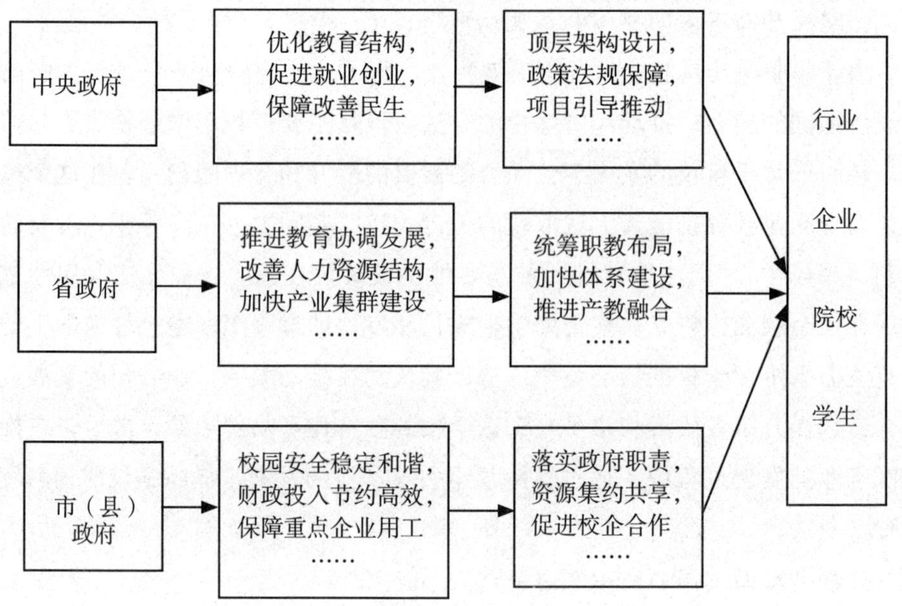

图 5-2-2　政府对高等职业教育改革发展动力机制示意图

1. 中央政府层面

高等职业教育的发展旨在使教育体系得到优化，促进就业创新，以及更好地改善民生等，达成这些目标需要依靠有效的架构设计、政策支持和项目推动等手段如制定出台《中华人民共和国职业教育法》，实施“示范性职业院校”建设计划，实施“提升高职教育专业服务产业发展能力”建设计划等。

2. 省政府层面

在国家政策的支持之下，省政府要计划加强地方职业教育，积极推进地方创新，并促进产业与教育的更深度融合。为了能够更好地促进地方现代职业教育体系的建设，需要采取行动，包括整合地方职业教育资源布局，以促进中等职业教育和高等职业教育之间的协同发展，推动它们与地方产业集群的紧密结合。

例如，省政府可以调整地区的人才分布，推动当地教育的整体进步，促进地区产业的升级换代和产业集群的形成，为此需要提供相关技术和技能的人才支持等。省政府对高等职业教育改革与发展有更具体的目标，其规划具有极强的前瞻性。

3. 市（县）政府层面

为了加强地方产业发展，促进地方职业学校与企业合作，提升服务水平，通过集中分配资源来提高财政效益，市（县）政府可能会严格执行上级对高等职业教育的改革和发展政策，履行其对教育进步的责任。另外，市（县）政府也会自发地重视本地产业和企业发展中高等职业教育所带来的服务效益，并且会关注它们的资金投入所产生的回报。因此，就目前而言，市（县）政府最期待的是确保高等职业教育院校的安全、稳定、和谐、节约、高效地运用财政投资，同时也要保证重要企业为学生提供就业机会。

（二）行业层面对高等职业教育的动力机制

在教育这一领域，人们对于高等职业教育价值的期望主要表现在两个方面：一方面，必须有效地提升该行业从业人员的素质；另一方面，需要保证该行业能够获得足够的技术和技能方面的人才。

在实践中，行业主要参与国家对高等职业院校进行教育评估和相关管理任务，参与制定培训机构的资格和从业者的资格要求，参与制定该行业相关专业岗位的职业资格标准、进行职业技能评估，并颁发相应证书。此外，行业还要管理和指导相关行业的高级职业教育和培训计划，提出行业的高级职业培训计划，建设专业学校和教育培训中心，以及进行对行业的人力资源需求的预测等工作。

如图 5-2-3 所示为行业对高等职业教育改革发展的动力机制：

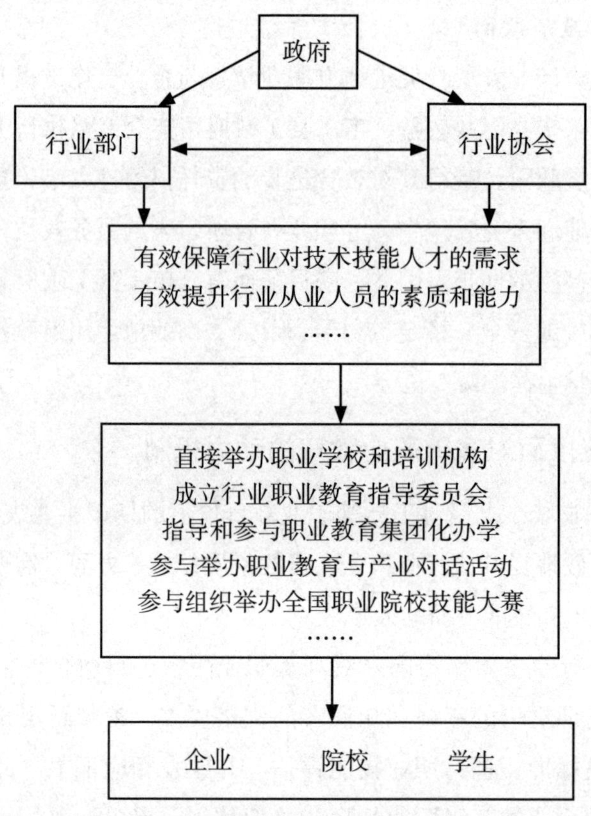

图 5-2-3　行业对职业教育改革发展的动力机制示意图

行业管理部门和行业协会是高等职业教育体系中的重要组成部分，二者共同担当着行业指导的职责，致力于在行业层面上引领和促进高等职业教育的发展。从目前来看，行业指导主要是通过以下方式实现：建立高等职业教育与行业合作的对话协作机制，旨在促进高等职业教育机构与产业界的互动；举办全国性的高等职业院校专业技能比赛等。与此同时，行业指导还会通过行业高等职业教育教学指导委员会的参与，以及参与职业教育集团化办学等方式予以更好地实现。

（三）企业层面对高等职业教育的动力机制

从企业创办的高等职业学院角度来看，企业对其发展的动力实际上是受多种因素影响的。从现实角度来看，企业内部可能会持续评估是否有必要创办这样一所学院。在企业环境中，高等职业教育的驱动力可以分为两个方面，即内部动力和外部动力。企业的内部动力主要来自解决雇佣问题、提升人才培养质量和增强行业影响力等方面，而外部动力则主要来自政府和行业的共同推动以及企业所肩负的社会责任等。

在市场经济条件下，如果没有政府的政策和资金支持，则会极大程度地削弱企业自行开设高等职业院校的动力。由于近年来高等职业学院的蓬勃发展，企业现在已经具备了良好的能力招聘来自不同专业或者不同层次的毕业生。除此之外，作为企业的一个重要组成部分，在高等职业学院中，人事关系与资产关系紧密相连，不容忽视。

在上述动力的影响下，企业将在多个方面参与高等职业院校的教育活动。在目前的实施方案中，这种合作可以分为以下几个阶段：

在第一个阶段中，合作模式主要包括为高等职业学校教师提供挂职实习，为毕业生提供就业机会，以及为学校提供顶岗实习机会等。

在第二个阶段中，合作模式主要包括（冠名）订单培训，企业对高校专业建设予以参与指导，以及与高校共同设立和共享实训基地等。

在第三个阶段中，合作模式主要包括学校和企业共同开展技术研发，开展“校企合作”，推动“厂企合作”等。

（四）院校层面对高等职业教育的动力机制

院校对高等职业教育改革发展的动力机制，如图 5-2-4 所示。

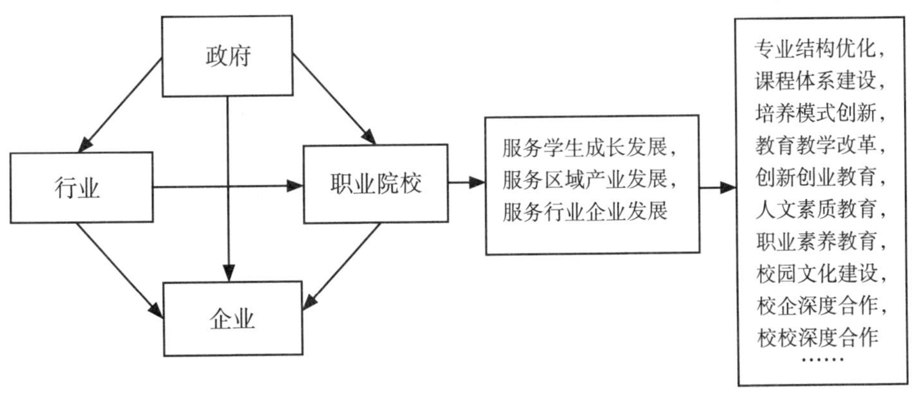

图 5-2-4　职业院校对职业教育改革发展的动力机制示意图

高等职业学校直接负责高等职业教育的职责和任务。对于高等职业学校个体来说，其驱动力包括内部驱动力和外部驱动力两个层面。

从内部驱动力的角度来看，公立高等职业院校是主要的组成部分，国家每年都会通过各种方式为学校提供经费支持和专项建设投资。因此，高等职业院校在教育领域中扮演着重要的公益使命。

从外部驱动力的角度来看，政府、行业和企业对高等职业教育改革和发展的推动力最终都会体现在高等职业学院中。

在上述这种内外驱动力的共同作用下，对职业院校的发展进步也提出了更高的要求。基于此，确立了职业院校的三大主要目标为帮助学生的个人发展、促进地区产业的繁荣、促进行业企业的进步。

因此，为了实现这些目标，职业院校将积极探索和创新在课程设置、教学方法、专业设计、培养模式、创新创业教育、职业素养培养、人文素质教育、学校间合作以及学校与企业合作等方面的实践措施，旨在不断强化自身的独特性，从而更好地促进自身的发展和进步。

第三节　高等职业教育集约化的环境生态

从当前情况看，高职教育集约化发展面临的环境生态主要可以分为宏观和微观两个层面。宏观层面主要包括政府职能的定位与实现、产业发展的要求与推动、行业指导的组织与改进等；微观层面主要包括院校之间、院校与企业之间、院校与产业园区或地方政府之间等的合作生态。因为在微观层面的探讨不一定具有典型性，所以在本节只讨论宏观层面内容。下面主要讨论高职教育集约化发展中的政府、产业和行业：

一、高等职业教育集约化环境生态中的政府

《国家教育中长期改革和发展规划纲要（2010—2020 年）》提出，要“建立

健全政府主导、行业指导、企业参与的办学机制，制定促进校企合作办学法规，促进校企合作制度化”[①]。《国务院关于加快发展现代职业教育的决定》进一步从激发高等职业教育办学活力的视角，对如何通过政府的推动和市场的引导来有效地实施这种办学机制的国家设计，提出了更为详细的规划和安排。然而，在实际操作中，如何明确政府职责的边界以及如何有效地执行政府职责仍是高等职业教育进步中亟待解决的关键问题，同时也是推动高等职业教育治理体系和治理能力现代化的基础条件。

（一）高等职业教育发展中政府职能的核心定位

《国家教育中长期改革和发展规划纲要（2010—2020 年）》明确了在职业教育进步过程中政府的角色。关于政府的这一角色，行业内存在着各式各样的理解。

政府的功能主要涵盖了五个领域：制定教育法律、进行整体策略、进行管理和监控、提供信息服务和进行财政支持。

在事实上，在高等职业教育的发展过程中，无论我们采用哪种划分标准，政府的主要责任都重点体现在两个方面——使发展环境得到改善和对资源分配进行更好的优化。为了能够进一步促进高等职业教育机构更加独立自主地进行分析探究和采取相关措施，需要对于实践过程和结果的透明度予以一定的保证，限制政府对高等职业教育的干预。与此同时，高等职业教育牵涉许多利益相关方，因而政府在其中充当着调解不同部门矛盾的这一重要角色。

1. 优化高等职业教育发展环境

根据目前的实际状况，我们至少可以从以下几个方面对高等职业教育发展环境进行相应改善和优化：

第一，通过改革技能人才评估方法，旨在增强高等职业教育在社会中的吸引力。

第二，为了进一步提高高等职业教育的质量水平，需要积极推动和促进校企合作，以切实推动高等职业教育的持续发展。

① 孙健，俞洋．治理视域下职业教育校企合作模式研究 [M]. 苏州：苏州大学出版社，2021.

第三，为了确保高等职业教育规范发展并增强其保障性，需要加快建立高等职业教育的制度体系。

第四，要加快推动就业准入和职业资格证书制度的发展，以提高各行各业人才队伍的培养水平。

第五，努力地提升高等职业教育在教育体系中的地位，需要加速构建现代化职业教育体系。

2. 优化高等职业教育资源配置

对于高等职业教育的资源分配，政府需要利用市场的力量进行彻底的改善。这需要建立在所有的政府义务都被完成的前提下。关于高等职业教育的资源分布，政府的义务主要包括三个层面：首先，监督高级职业学校的运营者真正负起其运营的义务；其次，推动高等职业教育的地理均衡，从而有力地推动并达成教育的公正；最后，推动高等职业教育的结构性改革。

市场的作用是加强高等职业教育的改革，并通过这种方式，成功激励各方利益相关者，进而使高等职业教育的革新和发展能够得到进一步促进。

当前，市场杠杆至少可以在如下几方面发挥功效：

首先，可以通过试验性地引入股份制度和进行产权制度改革等方式，来调整和优化高等职业学校的布局结构；其次，为了提升私立高等职业教育的活力，可以通过购买服务的方式来优化高等职业学校的人才资源配置；最后，通过制定高等职业学校的每位学生的经费标准，促进人才培养模式的改革。

不仅如此，为了激发企业参与校企合作的热情，政府可以在税收减免、奖励补助、项目建设等方面提供优惠待遇，以促进与高等职业学校的合作；此外，可以授予高等职业院校更多独立决策权，以促进行业、企业和高等职业学校之间人才流动路径的畅通。

（二）高等职业教育发展中政府职能的基本现状

对于当前高等职业教育发展中政府职能的现状，可以从以下三个角度进行概括：

1. 职能层级结构：有序中的失调

对于中央政府来说，其主要采取了一系列的方式，包括设立高层次的结构、提供政策和法律支持、利用项目指导推动等，以此促使高等职业教育的改革和发展。例如，已经颁布的《中华人民共和国职业教育法》和《国家中长期教育改革和发展规划纲要（2010—2020）》等一系列政策文件，并且近年来大幅度地执行了“示范性高职院校”的建立和“提升高职教育专业服务产业发展能力”的建立计划，这些都是从大的角度和整体的视角来看待高等职业教育进步的一种系统化、战略规划。

对于省级政府来说，其在国家的政策和法律框架之下，致力于推动地方创新，并提高地方职业教育的发展水平。为了能够更好地促进产业和教育的有机结合，有效促进高等职业教育专业发展并带动地方产业集群的健康成长，省级政府对地方职业教育布局进行了相应的调整，进而加快了构建地方现代职业教育体系，旨在助力地方中职和高职之间的进步与发展。与此同时，在高等职业教育的实践中，市（县）政府有可能会严格遵循上级对高等职业教育改革和发展的各项政策，确实承担起相应的职责，以促进在区域内共享职业教育资源并增加财政投入的效果。不仅如此，为了增强高等职业教育对区域产业发展的服务水平，市（县）政府还会促进区域内职业学校与行业、企业之间的密切合作等。

2. 职能实施主体：单一中的多元

根据《中华人民共和国职业教育法》的规定，国务院的教育行政机构需要负责对高等职业教育进行全面的策划、协调和管理。毋庸置疑，教育行政机构应被视为政府在高等职业教育改革和发展中的唯一代表和执行者。但就现阶段而言，无论是在全国范围内还是在不同地区，教育管理机构的主要职责并没有得到充分的展现和发挥。

3. 职能实现形式：细微中的粗放

在高等职业教育由大规模扩展转变为深度发展的过程中，政府已经就其基本的教学能力、专业设置和课程构建等诸多领域给出了许多直观且详尽的指导建议。从推进高等职业教育深度发展和提高其人才培养水平的角度来看，这些策略非常具有针对性，并且在实际操作中产生了显著的成效。

（三）高等职业教育发展中政府职能的改进策略

为了推动和实现高等职业教育的全面健康协调可持续发展，各级政府应破除惯性思维和经验主义，按照十八届三中全会所提出的全面深化改革的目标与要求，着眼于政府职能转变，从分级落实政府责任入手，着力优化高等职业教育的治理架构，着力激发高等职业教育的办学活力。这也应该成为高等职业教育发展中改进政府职能的基本方向。

高等职业教育发展中政府职能的核心定位，无论是优化发展环境，还是优化资源配置，都应该按照《国务院关于加快发展现代职业教育的决定》中提出的“保基本、促公平”的要求来分级落实好政府责任。

从发展的角度来说，我们至少可以从以下几个方面入手：

首先，积极指导和促进毕业生在当地找到适合自己的工作。现在，增进当地就业和增加创业机会，确保地方产业获得所需技术和技能人才，切实促进高等职业学校毕业生在当地的就业和创业，已成为地方政府和高等职业学校的主要任务和重要使命。

其次，积极助力高等职业学校为行业和企业的进步发展提供高效服务。将地方政府在高等职业学校的资金支持看作一种针对性的服务采购，从而构建出一个评估高等职业学校在服务区域发展表现的评估标准体系。

最后，积极鼓励各个领域的企业加入高等教育机构的运营中。对于地方职业教育，应以发展地方性的行业团体作为重要的切入点，从而增强产教融合、校企合作的深入程度和范围。

二、高等职业教育集约化环境生态中的产业

高等职业教育作为与经济社会发展紧密相关的一种教育形式，其与产业发展有效对接以及服务于产业的转型升级的能力，已经成为决定高等职业教育可持续发展的重要因素。同时，这也是一个值得我们深入思考的问题。高等职业教育与产业发展息息相关，近年来，在与产业对接和服务方面质量不断提高、规模不断扩大。因此，无论是在国家层面还是在地方层面，产业结构的调整和升级都将是我们长期必须着重关注的事项。

（一）产业与高等职业教育的关系

1. 共同的区域性特征是二者连接的基础

共同的区域性特征是产业结构调整和高等职业教育发展相互依存、互相联系的基础。专业建设是高等职业教育内涵发展的关键因素，人才培养方面需要高等职业教育对区域产业结构的调整和升级保持相对较高的敏感度。

与此同时，在区域产业结构调整和升级的过程中，技术、人才和信息等要素的变化是不可避免的，因此，需要确保有充足的可持续人才储备来支撑这些变化。因为高等职业教育呈现出与地方经济社会发展密切相关的特点，所以需要与之保持协调，以提升人才培养的水平、效能和成果，从而充分展现并实现人才的价值。在国家层面上，我国的产业结构正在持续调整。不同地区的产业结构分布存在显著的差异，这主要是受地理位置、资源情况和经济发展水平等因素的影响。另外，这种差异也反映了产业结构在各个地区具有明显的地域特点。

2. 人才的需求和供给是二者连接的实质

人才的市场需求和供应关系直接影响着产业结构的调整和高等职业教育的发展，二者相互依存、相互促进，最终实现共同进步和共享成果。

当前，高等职业院校需要提高培养人才的水平和速度，努力提升学校的知名度和声誉，以吸引更多的学生。通过改革培养方式，高等职业院校可以培养适应市场需求的技术和技能型人才。在产业结构调整中，为了提升核心竞争力，各行业和各企业均需要以发展需求作为根据，持续培养符合生产经营要求的技术人才，为企业的发展提供足够的数量和质量的技术人才储备。产业发展需要大量掌握技术技能的人才来支持，而高等职业教育则是目前人才培养的主要来源。

3. 校企合作办学育人是二者互动的纽带

通过开展校企合作，企业可以及时向高等职业院校传达行业发展的变化和趋势等信息，进而促进高等职业教育在专业设置和人才培养方面作出迅速的响应。高等职业教育需要对产业结构的调整和升级具有敏锐的感知能力。这种敏感度不仅需要在与行业和企业的合作中不断学习，也需要高等职业教育本身进行积极的探索。

（二）高等职业教育改革的应对策略

从区域产业结构的调整和升级这一层面来看，高等职业教育其实还有很大的提升空间。那么，如何利用社会服务的职能来促进区域行业企业的增长？如何能够进一步提升人才培养的针对性和实际效果？如何与区域产业发展相协调、相适应甚至引领专业设置？这些问题均需要我们认真且深入地进行探究和思考。

目前，高等职业教育正致力于全面促进其内涵发展，因此，以下几个方面是我们应当重点予以关注的：

1. 推动高等职业教育办学定位精准化

在高等职业教育正全面转向内涵发展的今天，似乎应该考虑国家在推动发展上从仓促的方式转向稳健持续的方式。自 2006 年以来，国家开始实施示范性高等职业院校计划，通过建设超过 200 所国家示范（骨干）校，极大地推动了高等职业教育的快速发展，同时也有效地提高了高等职业教育的地位和影响力。然而，实际情况表明，这些国家的示范学校建设模式需要依赖大量专项资金，因此，并不容易被广泛复制。

建立一个现代化的职业教育体系不仅涉及传统意义上的教学方法和学科范畴，还需要在教师和学生之间的互动中考虑雇主、行业以及国家等各方的需求，并确立一个多方利益体现或参与的机制。对于高等职业教育的重要计划议题，应该在促进现代化职业教育体系的整体框架下加以探讨。为了确保高等职业教育在建立现代职业教育体系中发挥领导作用，需要制定一个完善且有条理的顶层设计，需要通过优化高等职业教育的顶级规划来明确自身发展路径。例如，增设相对受欢迎的学科以适应市场的实际需求，或者减少对实验和实训活动的投资，而更多地提供金融和人文社会科学类专业。

2. 推动高等职业教育办学资源集约化

在日常的实践中，我们要加强学校和企业之间的合作关系，包括合作办学、合作培养人才、合作促进就业以及合作推动发展，利用各级产业园区作为合作平台，努力实现高等职业教育从“校企双主体”向“校企一体”的转变。与此同时，我们应当积极促进整合和协调职业教育资源，整合区域内不同行业企业的教育资源，使其在技术和设备等方面的优势得到充分发挥。

具体而言，为了能够切实促进实训资源共享、教师互助、学生交流和课程选择等资源整合，地方政府可以通过建立职业教育联盟或职业教育集团等形式，充分利用各高等职业院校的基础设施和专业优势，根据学院之间的特长和发展方向，推动合作和互助关系能够得以进一步加深。

另外，地方政府需要推动以高等职业教育为核心的“大职教”模式，不断探索创新的地区职业教育招生方式，逐步完善本科、高等职业教育、中等职业教育、基础教育和成人教育之间的有效衔接体系。

与此同时，我们需要建立有效的合作平台，促进高等职业学校的合作，整合资源，创新管理模式，优化合作体系，以更好地促进高等职业教育的改革和发展。

3. 推动高职教育办学目标具体化

从服务业的角度来看，高等职业院校要充分发挥自身的资源优势，与当地主导产业的小微型企业加强合作，为其提供人才培养、技术研发、员工培训等多样化服务，从而促进其发展。

例如，高等职业院校的专业设置或专业招生不合理，那么，可以基于地区产业集群的形成和产业结构的调整需求，研究并建立一种预测或预警系统，以应对地区产业发展对技术技能人才的需求，并向高等职业学校和社会以某种方式公开这些信息。因此，教育管理部门应当与产业管理部门合作，共同加强对高等职业学校专业设置的调整和引导，不能仅仅依赖简单的审核和备案。对于一个地区来说，应该确保高等职业教育的专业设置与当地产业发展的结构布局相一致。

4. 推动高等职业教育办学行为开放化

高等职业教育未来的发展关键是加强国际交流与合作。为了确保正确方向，我们迫切需要借鉴和学习那些在高等职业教育方面已经取得成功或领先的国家的经验。因此，在实际操作中，我们必须增强国际交流与合作，通过学习和吸取经验来形成具有中国特色的模式。

目前，高等职业学校需要积极参与中等职业学校的信息交流、资源对接、课程衔接和合作发展等工作，以促进中等职业学校和高等职业学校之间的顺畅衔接和协调发展，真正发挥它们在引领与推动方面的作用。因此，我们需要加强不同学校之间的合作。在当今的职业教育体系中，高等职业教育是连接不同层级的重要桥梁。

不仅如此，为了更好地实现产教融合的共同发展，需要加强学校与地方的合作关系，密切联系学校与地方经济社会的发展，为学校的专业建设和产业发展提供平台，促进双方的密切合作。专业设置应该根据地区产业集群的发展需求，人才培养应该紧密结合行业企业的实际需求，这一过程不应仅仅限定于高等职业院校的教育理念，而应该成为高等职业院校的积极实践。在这方面，需要进一步促进学校与企业之间的合作，以促进产业发展并为其提供相应的有力支持。

三、高等职业教育集约化发展中的行业

不论是从国家的政策指引，还是从学校的实际操作，或是从理论研究的角度来看，行业在高等职业教育改革和发展中扮演着关键角色。为了深入研究造成这一状况的根本原因并采取相应的措施，对于高等职业教育发展过程中的行业角色的政策设定、执行手段、实际冲突等各个环节进行全面的整理是极其重要的。

（一）行业作用的政策定位与目标预期

1. 行业作用的政策定位

1993 年,《中国教育改革和发展纲要》指出“职业技术教育和成人教育主要依靠行业、企业、事业单位办学和社会各方面联合办学”①。1996 年,《中华人民共和国职业教育法》指出“政府主管部门、行业组织应当举办或者联合举办职业学校、职业培训机构”②。1999 年,《中共中央、国务院关于深化教育改革全面推进素质教育的决定》指出“在高中及其以上教育的办学水平评估、人力资源预测和毕业生就业指导等方面，进一步发挥非政府的行业协会组织和社会中介机构的作用”③。2002 年,《国务院关于大力推进职业教育改革与发展的决定》指出：“深化职业教育办学体制改革，形成政府主导、依靠企业、充分发挥行业作用、

① 曹晔．当代中国中等职业教育 [M]. 天津：南开大学出版社，2016.

② 张静．中国职业教育理论与实践探索 [M]. 北京：中国经济出版社，2022.

③ 张继平，董泽芳．解构与重塑 高等教育评估的价值取向研究 [M]. 武汉：华中师范大学出版社，2017.

社会力量积极参与的多元办学格局”[①]。2005 年,《国务院关于大力发展职业教育的决定》中明确提出要“继续完善‘政府主导、依靠企业、充分发挥行业作用、社会力量积极参与、公办与民办共同发展’的多元办学格局和‘在国务院领导下，分级管理、地方为主、政府统筹、社会参与’的管理体制”[②]。2010 年,《国家中长期教育改革和发展规划纲要（2010—2020 年）》指出“调动行业企业的积极性”[③]。

行业作用的描述在演变过程中具有两个明显的特征：首先，国家对高等职业教育发展中的行业定位，从“最大化激发积极性”到“依赖联合办学”，再到“最大化行业作用”，最后到“建立完善政府主导、行业引导、企业参与的办学体系”，可以说是不断清晰、具体并且持续加强的。其次，国家对于行业主管部门和行业组织开设职业学校的鼓励和支持是一贯的、明确的。这不仅充分展示了行业在高等职业教育改革发展中扮演着关键角色，也充分反映了国家对行业作用的高度重视和价值期待。

2. 行业作用的目标预期

行业的目标预期在高等职业教育中扮演着举足轻重的角色，它不仅是教育与产业之间的桥梁和纽带，更是推动产教融合、优化教育资源配置、确保人才培养与产业发展需求紧密对接的关键力量。

第一，建立职业学校和培训机构是行业目标预期的基础。通过设立专门的教育机构，行业能够直接参与人才培养的全过程，确保教育内容与产业需求紧密相连。这些机构不仅提供了实践性的教学环境，还为学生提供了与行业专家互动的机会，从而加深了学生对行业发展趋势和技术革新的理解。

第二，行业通过进行人力资源预测，为高等职业教育提供了有力的人才需求指导。这有助于学校根据市场变化及时调整专业设置和招生计划，确保人才培养的针对性和实效性。同时，制定行业高等职业教育培训的规划，能够引导学校和企业共同开展有针对性的培训项目，提高人才的综合素质和就业竞争力。

① 张德成，梁甘冷．大职教理念下中职学校人才培养 4.0 模式研究 [M]. 中国出版集团；北京：现代出版社，2021.

② 王工一．教育所思 [M]. 北京：中国水利水电出版社，2017.

③ 孙健，俞洋．治理视域下职业教育校企合作模式研究 [M]. 苏州：苏州大学出版社，2021.

第三，在组织并指导行业高等职业教育和培训的工作方面，行业发挥着统筹协调的作用。它能够通过搭建平台、整合资源、推广经验等方式，推动学校和企业之间的深度合作，实现教育资源的共享和优化配置。这种合作模式有助于打破传统的教育界限，推动教育模式的创新和发展。

第四，行业参与职业资格标准、职业技能鉴定和证书发放工作。这不仅有助于规范行业内的职业行为，提高职业人员的专业素养和技能水平，还为学校的人才培养提供了明确的职业导向和评价标准。同时，参与制定培训机构的资质标准和从业人员的资格标准，能够确保教育机构的办学质量和教育水平，保障学生的权益和利益。在推动产教融合方面，行业发挥着不可替代的作用。它能够促进学校和企业之间的深度合作，推动教育内容与产业需求的深度融合；通过共同开展研发项目、建立实训基地、互派教师和企业导师等方式，实现教育资源的共享和优化配置，提高人才培养的质量和效益。

第五，关于如何充分利用行业指导的作用，我们需要在方向、策略和机制上给予明确的指导。政府应加大对行业的支持力度，鼓励行业积极参与高等职业教育的改革和发展。同时，学校和企业也应积极响应行业的指导，加强沟通与合作，共同推动高等职业教育的发展。

（二）行业作用的发挥主体与实现方式

1. 行业作用的发挥主体

由于历史背景的不同，中国各行业协会在发展过程中展现出了各自具有独特的政府或行政特征。这些行业协会是由部门或行业内的专业人士组成的组织。这些行业协会在参与宏观调控和产业政策执行、支持政府制定行业发展规划、提供公共服务、促进社会诚信体系发展等方面扮演了重要角色。换句话说，行业监管机构和行业团体在推动高等职业教育的变革和进步过程中，实际上是紧密相连的。行业的效能需要依靠行业监管机构和行业团体的共同努力。行业监管机构应当为行业团体的最大化效能提供更多的引导、协调和服务，行业团体应当在监管机构的引领和支援下，更深入地参与行业人才的培养过程。行业指导的实体是具有行业组织功能的机构，而不是行业管理机构。在实践中，不管其具体形式如何，行业组织的本质都是一个行业协会，由自愿加入的会员组成，在市场中进行相关活动，是以行业为象征的、一个非政府的、不以营利为目的的互惠的社会机构。

2. 行业作用的实现方式

（1）直接创立高等职业院校或者投身于高等职业院校的建设和发展

伴随着区域产业转型升级和集群建设的加速，行业在高等职业院校的建设和发展中的参与程度不断增加，超过半数的公立高职学院由行业企业主导。1998年，《国务院关于调整撤并部门所属学校管理体制的决定》（国发199821号）对原机械工业部等9个部门所属的93所普通高等学府、72所成人高等学府以及中等专业院校和技术院校的管理体系进行了改革，消除了办学模式中的分割和重复。

（2）与教育主管部门进行互动与协作

近年来，通过建立各种组织和签署协议，促进了产教合作的加强，推动了高等职业教育改革的进一步发展。行业管理机构和行业组织成功举办了多次旨在促进高等职业教育与产业合作的对话活动，活动内容丰富多样，为教育、行业和地方之间的对接提供了平台，初步确立了高等职业教育与产业融合合作的对话机制。

（3）借助全国行业职业教育教学指导委员会的力量

2010年，教育部批准成立了43个专门的全国行业职业教育教学指导委员会，简称行指委。全国行业职业教学指导委员会是经教育部授权，由相关行业主管部门或行业组织牵头设立和管理的机构，其职责是进行研究、提供咨询、指导和服务，支持相关行业（专业）的高等职业教育教学工作，并作为领导本领域高等职业教育与培训工作的专家团队。

（三）行业指导的现实矛盾与改进策略

在实践中，行业指导主要涵盖以下三个部分：

1. 学校层面

高等职业院校应该在构建单一专业或专业群、设计课程以及改进人才培养方法等方面，积极借鉴行业企业的资源，加强学校与企业之间的合作关系。高等职业院校应该建立一个开放合作平台，以展示自身的优势和价值。这个平台应该根据专业或专业群进行分级推进，并利用学校作为教育主体的角色，积极推动创新。对于高等职业院校而言，政府引领、行业协助、企业参与的教育机制建设，应该真正落实在专业建设的实际行动中，需要积极、主动地推动开放合作平台的建设，从而为行业提供切实可行的指导。

2. 省市层面

在促进区域性行业组织发展的过程中，我们可以通过支持和依赖本地同行业的领军企业来推动，也可以通过制定地方性的支持政策，鼓励和引导本地同行企业整合资源、共同壮大。在具体的执行过程中，我们必须重视成立和发展区域性行业组织，以明确且有效地推动区域产业集群的构建和升级。行业组织可以更有效地推动同行企业和高等职业院校之间的合作，以提升技术技能人才的培养效率和质量。不仅如此，这种行业组织还可以为区域内相同行业的企业提供一个良好的合作平台，以整合这些企业的力量并实现合作共赢的目标。

3. 国家层面

教育部明确要求加强产教融合和学校与企业的合作，共同举办高等职业教育的会议，共同发布行业高等职业教育的指导建议。但是，在实践工作中，为了确保这些任务得到有效实施，各行业主管部门必须承担责任，明确行业指导的主体，提供更多实际措施和支持，以增强行业指导的专业性和权威性，推动高等职业教育的发展。

四、高等职业教育办学机制的有效实现

不同利益相关者对职业教育有着不同的利益诉求，那么，如何让这些不同利益相关者的动力实现耦合、协调、同步，并且，让这些利益相关者在这个过程中实现利益诉求上的协调，成为建立健全乃至有效实现这种办学机制，以及重视并着力解决重要问题。

（一）政府主导：主导什么与如何主导

1. 主导什么

政府主导高等职业教育改革发展的着力点应该放在哪呢？因产业发展情况不

同，区域发展情况不同，这个问题很难有一个标准模式的解决路径。但这种主导作用至少要从两个方面着力：一是优化高等职业教育发展环境；二是优化高等职业教育资源配置。

2. 如何主导

根据目前的情况，对于“如何主导”这个问题政府至少可以朝多个方向努力。

为了提高高等职业教育在社会中的吸引力，需要重新审视对技术技能人才的评估方式；加强高等职业教育质量体系，推动和引领校企合作发展；需要加快建立高等职业教育的规范性和保障性制度框架，以推动其发展进步。

政府应该积极利用其行政职能，在高等职业教育的发展环境中实现全面优化。这也是政府在职业教育领域关键任务的进步和改革。

与此同时，还要加快推动高等职业教育的发展，提升其在整个教育系统中的地位，加强就业准入和职业资格制度的建设，目标是培养各行各业的优秀人才队伍。

（二）行业指导：指导什么与如何指导

1. 指导什么

根据国务院发布的政策文件，对行业从哪些方面协调和指导高等职业教育发展提出了非常明确的指导性意见，归结起来，大致有以下几点：一是举办高等职业培训机构；二是开展行业人力资源预测；三是制定行业职业教育和培训规划；四是组织和指导行业职业教育与培训工作；五是参与制定本行业特有工种职业资格标准、职业技能鉴定和证书颁发工作；六是参与制定培训机构资质标准和从业人员资格标准；七是参与国家对高等职业院校的教育教学评估和相关管理工作。

2. 如何指导

从现阶段来看，在实践中，行业指导主要有以下几种方式：

第一，参与高等职业教育集团化办学。

第二，直接举办高等职业院校或参与高等职业院校建设发展。

第三，与教育主管部门互动协作。

第四，借助行业职业教育教学指导委员会。

（三）企业参与：参与什么与如何参与

1. 参与什么

企业参与高等职业院校办学，无论在理论研究上还是在实践探索上，都已经有了很多的总结。大致梳理一下，实践中的企业参与主要体现在以下四方面：

第一，企业可以根据市场需求，对职业岗位或技术领域进行专业设置，并参与课程开发。企业可以通过制定职业教育人才培养目标和参与课程开发，形成以能力为核心、以职业实践为主导的高等职业教育课程体系，并与高等职业教育专家一起确定学生的知识、能力和素质结构。

第二，企业可以参与教学活动。有能力的企业与高等职业学校合作，承担学生的实践实习任务。这样做可以解决高等职业教育课堂教学过于注重理论而忽视实践的问题，强调理论与实践的结合，并依据企业设定的职业技能标准来评估职业学校的教学质量。

第三，是要建立一支专业的教师团队。企业可以充分利用其在行业中的人力资源优势，选择工程技术人员、管理人员以及技师和高级技师作为兼职教师，将企业的生产、经营、管理和技术改进等最新信息与教学内容紧密结合，以便及时地向学生传授知识，实现理论与实践的有机结合。

第四，投入方面。我国的高等职业教育法律有明确的规定：所有类型的企业都需要根据这些规定来负责执行高等职业教育的费用。通常，企业需要按照员工薪酬总额的 1.5% 来充分地提取员工的教育和培训经费。对于那些对员工技能有较高要求、承担着重大培训任务、经济效益良好的企业，可以按 2.5% 的比例来提取，并将其纳入成本开销中。专门用于职业教育和培训的资金能够确保对高等职业教育的投资。另外，参与高等职业学校的实践基地的建设，降低政府和学校的资金投入，也是企业在参与高等职业教育投资中的关键部分。

2. 如何参与

从当前实践情况看，“校中厂”“厂中校”“校企共同体”“企业办学校”等，均是企业参与高等职业院校办学的形式，但归根结底，企业参与高等职业院校办学无外乎依靠两个方面的投入：

第一，资源上的投入。在参与高等职业院校的专业建设、课程建设、实验实训基地建设等方方面面的过程中，企业会根据合作形式或预期成效，对高等职业院校提供人、财、物上的支持。在“人”上，企业会有高管加入高等职业院校专业建设指导委员会，参与专业人才培养方案论证和课程体系建设，会有能工巧匠参与专业课程的理论教学和实验实训，会吸纳高等职业院校教师顶岗或挂职锻炼，会吸纳学生教学实习和顶岗实习，等等。在“财”上，企业可能会通过订单培养、冠名培养等方式为合作专业学生提供奖助学金，可能会通过活动赞助等方式提升企业在学生中的影响力，会对优秀师生在项目申报、技术研发推广上给予资助，等等。在“物”上，企业面向合作院校开展捐赠捐助，已经成为高等职业教育校企合作中的一种常态，而通过共建共享实验实训室、生产性实训基地等方式实现校企一体也已不新鲜。

第二，信息上的投入。对高等职业院校而言，在与企业的合作过程中，企业会为学校、为教师、为学生带来生产经营管理服务一线的信息，如产业变化信息、行业发展信息、岗位需求信息等。这些信息，通过校企合作，让高等职业院校及其师生更方便、更便捷地获取到。企业通过这种信息上的投入，能够直接影响高等职业院校的专业课程建设、人才培养模式改革、教研科研与社会服务等，从而产生可回馈的信息流，进而影响校企合作的深度和成效。

第四节　高等职业教育集约化的优化策略

高等职业教育集约化发展涉及方方面面，必须妥善解决好各方的利益诉求和利益调整问题，应以全面的政策协调推动为先导，以强力的高职办学资源整合为主线，以深入的校地、校企、校校合作为支撑，才能有效推动高等职业教育集约化发展格局的形成。

一、以全面的政策协调推动为先导

第一，建立健全高职教育改革发展的保障机制。首先，要健全高等职业教育生均经费投入保障机制，在适当的时机应考虑建立省市财政分级投入的办法，推动区域高职院校的均衡发展。其次，要明确高职院校举办方的举办责任，加大办学督查和责任追究力度，确保高职教育的改革发展有良好的外部支持。最后，要加快校企合作、社会捐助等方面的地方性法规建设，不断调动行业企业乃至全社会参与高职办学的积极性和主动性。

第二，首先，要创新区域高职教育的管理体制，在省教育主管部门层面应单设高等职业教育处，以落实对高等教育的分类指导，统筹高等职业教育的改革发展。其次，要优化地区高等职业教育的协作体系，从地区产业集群的建设和发展以及产业的转型升级的角度出发，整合高等职业教育的资源，有效地构建高等职业学校举办方、高等职业学校之间以及高等职业学校与行业企业之间的各种层次的合作平台。最后，要优化高等职业教育、中等职业教育、基础教育和成人教育的有效衔接方式，持续寻找创新的区域职业教育招生方式，并致力于推动以高等职业教育为主导的“大职教”格局的建立。

二、以强力的办学资源整合共享为基础

1. 专业设置的合理布局

省级教育主管部门应结合区域产业发展对高技能人才的需求，制订区域高职教育专业建设和发展规划，明确区域高职教育专业建设的目标和任务，对高等职业院校的专业建设实行统筹管理、分类指导。省级教育主管部门要充分发挥专业设置的审批备案机制，引导高等职业院校的错位差异化发展，防止恶性竞争局面的形成。省级教育主管部门要通过人才培养、工作评估等手段，引导高等职业院校人才培养模式改革和创新不断走向深入，尽可能地提高人才培养的针对性和实效性，在提升人才培养质量、效率的同时全面彰显院校的个性特色。省级教育主管部门要通过示范性高职院校建设，形成一批一流专业，打造一批优质共享型教学资源库，并充分发挥好示范院校的示范、引领和带动作用。

2. 要有效地整合三种类型的资源

我们需要将区域内的高等职业学校的教育资源进行整合，充分发挥和利用各个高等职业学校的现有基础和优势。借助现有的“A 联盟”等合作模式，我们可以进一步丰富各个高等职业学校之间的合作方式和内容，大力推动教师的互聘、学生的互派、课程的互选，探索学分制和弹性学制的改革并实现学分的互认，从而真正形成区域高等职业教育发展的“雪球效应”。我们要将地区内的企业

办学资源进行整合，最大限度地发掘和利用这些企业在技术、设备等领域的基础和优点。我们可以借助已经建立的各级产业园区和正在进行的产业转移集中区作为平台，深化校企双主体之间的“协同教育、协同培训、协同就业、协同发展”的合作，并致力于推动高等职业人才的培养从“校企双主体”向“校企一体”的实质性转型，真正塑造出地区产业集群的“聚焦效应”。我们需要将区域内的中等职业教育、基础教育、成人教育以及各种培训教育的教育资源进行整合，最大化地利用并发扬皖江城市带的人口优势，同时，充分利用高等职业教育在这个过程中的关键角色。我们需要持续寻找并创新高等职业教育与中等职业教育、基础教育、成人教育以及各种培训教育的连接和对接方式，努力提升终身教育体系的建设效率和成果，从而真正实现区域教育事业的“雁阵效应”。

三、以深入的校地、校企、校校合作为支撑

1. 在校地合作上，坚持“支持”和“服务”相结合

在产业园区（地方政府）方面，要对照国家关于教育体制改革、省级部门对职教大省和高教强省建设的要求，把相关政策贯彻到位、执行到位、落实到位。我们要不断健全和完善支持高职教育发展的工作机制，有力整合人才、技术、培训等方面的资源，为高等职业院校与行业企业之间合作，为高职院校融入地方、服务地方提供更多更好的平台。

2. 在校企合作上，坚持“一体”和“共赢”相结合

校企之间的合作应是全过程、全方位的，在人才培养上应坚持“一体化”，努力实现多方共赢。“一体化”要求行业企业全面参与高等职业院校的专业建设方案、人才培养规格的制定以及专业课程建设、实践教学、顶岗实习、学生就业创业、校园文化建设等人才培养的具体工作；要求高等职业院校根据不同专业人才培养的实际要求，全面引入和发挥行业企业在科技、人才、市场乃至经营理念等方面的优势，高效率地投入到高素质高技能人才培养中去；要重点解决好行业企业在人力资源开发利用上的实际需求问题，体现并发挥好行业企业的社会价值和企业价值取向；要重点解决好高职院校在人才培养中面临的办学理念、办学条件等方面的问题，努力提升人才培养的质量、效率和效果；要重点解决好高职毕

业生目前广泛存在的实践能力与岗位要求不一、职业能力与时代要求不一的突出问题，进一步提升高职毕业生的就业率和就业质量。

3. 在校校合作上，坚持“衔接”和“共享”相结合

这里所谈到的校校合作，不仅是高职院校之间的合作，也包括高职院校与中职院校、普通中学、社会培训机构等之间的合作。因为各合作主体之间性质、发展方向、发展重点的不同，所以，合作要取得成效，必须做好“衔接”和“共享”。高等职业院校之间的合作，要以错位差异化发展为基础，加强公共实训基地、专业建设方案、课程建设、人才培养模式创新等方面的信息和资源共享，加大毕业生本地就业市场的共同建设和开发，携手共同发展。高等职业院校与中等职业院校、普通中学之间的合作，要以服务学生成长成才为基础，进一步增强合作的指向性，妥善解决部分中职学生、初中和高中毕业生进入高职院校继续学习深造的体制性障碍，同时也要努力推动办学资源的共享利用。高等职业院校与社会培训机构的合作，要以服务区域终身教育体系构建为基础，不断提升合作的深度和广度，不断丰富合作的形式和内涵，为建设学习型社会、服务区域经济社会发展提供有力的保障。

参考文献

[1] 崔岩 . 高等职业教育改革发展研究 [M]. 北京：北京理工大学出版社，2022.

[2] 杨爽 . 高等职业院校教师制度与青年教师职业发展研究 [M]. 北京：光明日报出版社，2019.

[3] 付兴国 . 现代高等职业教育论 [M]. 北京：中国轻工业出版社，2014.

[4] 李承先 . 高等职业教育新论 [M]. 北京：中国书籍出版社，2018.

[5] 朱雪梅 . 高等职业教育发展模式研究 [M]. 广州：中山大学出版社，2016.

[6] 吕浔倩 . 信息化高职教育教学管理研究 [M]. 西安：西北工业大学出版社，2019.

[7] 韩锡斌，葛连升，程建钢 . 职业教育信息化研究导论 [M]. 北京：清华大学出版社，2019.

[8] 吴一鸣 . 区域创新视角下高职教育集约化发展研究 [M]. 合肥：中国科学技术大学出版社，2017.

[9] 柴蓓蓓 . 信息时代下高等职业教育发展 [M]. 长春：吉林出版集团股份有限公司，2020.

[10] 沈少剑 . 英国旅游高等教育发展研究 [M]. 济南：山东大学出版社，2020.

[11] 姬玉明 . 关于我国高职教育国际化现状的思考 [J]. 教育与职业，2015（10）：107-109.

[12] 王建滨，张艳波，赵庆松 . 重构与机遇：高职教育国际化的制度逻辑和要素探究 [J]. 天津中德应用技术大学学报，2021（1）：11-16.

[13] 黄华，陈黔宁 . 江苏高职院校来华留学生教育现状与展望 [J]. 江苏高教，2020（2）：120-124.

[14] 庞世俊，柳靖．职业教育国际化的内涵与模式 [J] 职教论坛，2016（25）：11-16.

[15] 凌镜．“一带一路”背景下高职教育输出助推经济国际化的若干思考 [J]. 教育与职业，2019（1）：38-42.

[16] 郭广军，金建雄．高职教育质量保障多元协同治理模式研究 [J]. 高等职业教育探索，2019，18（4）：13-18.

[17] 丁心舟．“互联网 +”视角下高等职业教育资源库建设省思 [J]. 青岛职业技术学院学报，2023，36（3）：25-29.

[18] 岳洪，张伟．中华优秀传统文化融入高等职业教育的现实困境及其实践路径 [J]. 黑龙江高教研究，2022，40（12）：138-143.

[19] 何景师．我国高等职业教育投入产出效率及影响因素研究 [J]. 黑龙江高教研究，2022，40（11）：129-136.

[20] 李小霞．来华留学生高等职业教育质量保障体系的构建 [J]. 中国现代教育装备，2022（19）：165-168.

[21] 司舒璠．江苏高等职业教育协同发展与运行机制研究 [D]. 淮南：安徽理工大学，2022.

[22] 殷菊．贵州省高职院校产教融合发展中政府作用优化研究 [D]. 贵阳：贵州大学，2022.

[23] 赵振．高等职业教育视角下企业大学教学质量提升策略研究 [D]. 上海：华东师范大学，2022.

[24] 李翊溪．澳大利亚高等职业教育发展研究（1945—2013）[D]. 上海：华东师范大学，2022.

[25] 吴诗源．广西高等职业教育人才供给侧结构性改革研究 [D]. 南宁：广西民族大学，2022.

[26] 郑小绮．眉山市高等职业教育协同治理研究 [D]. 成都：四川师范大学，2022.

[27] 胡敏．安徽省高等职业教育经费投入绩效评价分析 [D]. 合肥：安徽农业大学，2022.

[28] 张娜 .《外国短期高等教育史》(节选) 汉英翻译实践报告 [D]. 保定：河北大学，2022.

[29] 宋逸韵 . 当代广东省高等职业教育院校建设标准优化策略研究 [D]. 广州：华南理工大学，2022.

[30] 段江雁 . 国标视域下澳大利亚高等职业教育培训包研究 [D]. 桂林：广西师范大学，2021.